DAMALS

ベルリンのカフェ

黄金の一九二〇年代

ユルゲン・シェベラ＝著
和泉雅人・矢野　久＝訳

IM

ROMANISCHEN

CAFÉ…

大修館書店

Jürgen Schebera

Damals im Romanischen Café ...

Künstler und ihre Lokale im Berlin der zwanziger Jahre

Japanese translation published by arrangement through
THE SAKAI AGENCY/ORION, Tokyo

TAISHUKAN PUBLISHING CO. LTD.,
Tokyo, Japan. 2000

「まだ覚えているかい、あのころロマーニッシェス・カフェで……」

［目　次］

ベルリンのカフェ——黄金の一九二〇年代

序章

黄金のベルリン二〇年代

▲クーアフュルステンダム街とウーラント街の角。交通の激しい交差点。1920年代，ベルリンはヨーロッパのメトロポールに成長した。大都会の雰囲気は，芸術家や知識人にも魔術的な魅力を与えた。1931年の写真。

「私は人生最良の日々を喫茶店《カフェ・ハウス》の片隅で過ごしたが、それを悔やんだことなど一度もない」と、六〇年代のヘルマン・ケステン〔新即物主義の作家、劇作家、詩人、評論家。三三年以降、オランダ・パリ・ニューヨークに亡命〕は動乱の時代を回顧しながら認《したた》めている。そして、「行きつけの喫茶店《カフェ・ハウス》のテーブルで書き物をすることに慣れ親しんでから、かれこれ半世紀になる」[1]とつづけている。

出版人ブルーノ・カシーラー〔叔父のパウル・カシーラーと美術サロンを創設。のち出版業に転じた〕は、つぎのように述べている。「およそこの世に喫茶店《カフェ・ハウス》というものが存在しなければ、文学などすることはできない。だれでもカフェでは、職場とはまったくちがう人間に変身する。そこで人は自分の隠された特徴とあこがれの夢を育てるのだ[2]」

今世紀のどんな場所でもまたどんな時代でも、「黄金の」二〇年代のベルリンに存在した文士カフェや芸術家カフェほど多くの著名な名前に飾られたことはなかった。当時エーゴン・エルヴィーン・キッシュ〔ジャーナリスト、作家、社会主義陣営のルポ・ライターとして著名。三九年に亡命〕は、「もし喫茶店《カフェ・ハウス》があれば、かならずしも必要というわけではない部屋をもたずにすむ」という一文を刻みこんだ[3]。

ロマーニッシェス・カフェ、レストラン・シュヴァンネッケ、メンツ女将の居酒屋などは、とっくの昔にベルリンの文化史の一部になっている——たしかに、もっとも重要なものとはいいがたいが、不可欠の、とりわけ語るに足る文化史の一部なのである。

一九一九年から三二年のあいだのワイマル共和制の時代は、当時すでにほぼ七〇〇年を数えたベルリン史を飾る一時期であり、この時期にベルリンの人口は四〇〇万人を超えたばかりか、ヨーロッパでも屈指の芸術の都に発展していた。戦後危機とインフレーションのただなかにあった第一次世界大戦後のベルリンでは、これまでにみられなかったほどの潜在的経済力と、さらには精神的諸力が一か所に集中することになった。大都会は、ほとんど魔術的といっても過言ではないほどの魅力を芸術家や知識人におよぼしていた。とくに若い作家や演劇人や造形芸術家が、多くの障害が存在していたヴィルヘルム時代崩壊後の精神的・文化的価値の革新に参加するために、各地からやってきた。ほかの多くの者と同じように、二四歳で芸術の都を征服しようとしていたカール・ツックマイヤー〔劇作家。『ケーペニックの大尉』などで人気作家となる。のちに亡命〕は、一九二〇年以降の時代を思い起こし、「ベルリンを手中におさめた者こそ世界の征服者なのだ」と述懐している。「ベルリンは未来の味がした。その未来のために、だれもが不潔さと寒さに喜んで耐えたのだ(4)」

外国の影響、たとえば、まだ建国まもないソ連やフランスからの前衛的潮流、それとアメリカ合衆国からの商業的大衆文化を生産的に受容し消化することは、芸術の発展に重要な刺激となった。「ヨーロッパ文明開化の中心地としてのベルリンはまさに処女地であった」と、ハインリヒ・マン〔小説家、トーマス・マンの兄。プロイセン文学芸術院の総裁。三三年二月に亡命〕は書いた。「ベルリンはあらゆる者を受け入れた。創造的であったのはもちろんだが、それ以上に開かれていた。創造者たちはいたるところからベルリンめざしてやってきたし、この大都市はそれにふさわしく堂々としていた。これこそがまさに偉大なる都市の使命なのだ。これに加えて異文化も混入してきていた(5)」

▲ポツダム街にあるラジオ放送局。1923年10月29日，「声(フォクス)の家」の最上階からドイツではじめてのラジオ番組が放送された。１階には「声」商会のレコード店と番組雑誌『ラジオの時間』の事務所があった。1927年の写真。

最後に、ラジオやレコードや映画のような新技術によるマスメディアの発展と並行して、インフレののち急速に、芸術生産とその普及にとって数多くの新しい可能性が生まれたのである。こうした精神的生産物の市場は、ほかのヨーロッパの主要都市ではみることのできないものだった。統計的数字をみると、ベルリンのこの特別な位置が明らかになるだろう。

一九二七年、ベルリンでは四九の劇場が興行をおこなっていた。同時に三つのオペラハウスがあったが、これは世界に類のない多さであった。三つの大ヴァリエテ〔曲芸、ダンス、歌などを提供する娯楽劇場〕、七五のカバレット〔歌、パントマイム、詩などで社会を政治的、風刺的に批判した芸術的な劇場〕、小劇場、娯楽番組を提供する飲食店《ロカール》があった。

一九二九年、ベルリンには三六三の映画館があり、三七の映画会社が年に約二五〇本にのぼる長編映画を制作していた。

また、同じ一九二九年の一年間だけで四五の朝刊新聞、二つの昼刊新聞、一四の夕刊新聞が発行されていた。ほぼ二〇〇の出版社が街で活動していた。そのなかには、S・フィッシャー、エルンスト・ローヴォルト、ブルーノ・カシーラー、グスタフ・キーペンホイヤーといった非常に有名な出版社があった。二〇年代には、マリク、シュミーデ、エーリヒ・ライス、新ドイツ出版、グーテンベルク書籍出版組合のような著名な左翼系出版社が生まれた。ウルシュタイン社とシェール社は娯楽文学を大量生産していた。

こうした市場は、いうまでもなくそれ相応の品物を求めた。とりわけ精神的生産の物質的側面もま

▲「1928年クーダム散策」。カメラマン（シェール専属）がこの写真をこう名づけた。記念教会堂のまわりの，クーアフュルステンダム街とタウエンツィーン街には封切り大映画館（マルモルハウス，ウーファ・パラスト，グローリア・パラスト），有名なカフェ（レギーナ，メーリング，ロマーニッシェス・カフェ），エレガントな店が軒を並べていた。

た、ベルリンをこれほどまでに魅力的な都市たらしめた一因であった。二三歳の作家エーデン・フォン・ホルヴァート（ハンガリー出身の反ファシズム作家、劇作家。三八年に亡命、その途上で殺害）は一九二四年にはじめてベルリンを訪れたのだが、その数週間後につぎのように記している。「さて、もっとも重要なこと。それは、周知のように、考えるためには座る椅子が必要だということだ。物質的なものが不可欠であるという考えが徐々に広まっていた。そして、ドイツのあらゆる都市のなかでも、物質的な裏づけを若い作家たちに提供してくれるのはベルリンだけだった。若者を愛し、また若者になにものかを与えてくれる街、ベルリン。プラトニック・ラヴだけしかないほかのたいていの都市とはまったく様相の異なる街、ベルリン。僕はベルリンを愛してやまない(6)」

芸術と精神的生産のための伝統的な創造・討論・取引の場(劇場、アトリエ、画廊、出版社、編集部)と並んで、いまや、それ以上の意義を獲得していったのは芸術家カフェだった。彼らは、新しいプロジェクトについて議論し、そしてなによりも「売りこむ」ために、ここで落ちあった。ポツダム広場のカフェ・ヨスティであろうと、ランケ街のレストラン・シュヴァンネッケやレストラン・シュリヒターであろうと、仕事をするために来るのは例外的だった。むしろ、新しい芝居の上演についてベルリンの劇団の文芸部員と交渉するために、あるいは新聞の文芸欄編集者から批評や記事の注文を受けるために、また画商と展覧会や購入などを取り決めるために、こうした溜まり場はずっと重要な役割を果たしていた。もちろんこうした溜まり場では、眺めたり、眺められる場としての意義も大きかったが、なかでも、二〇年代ベルリンのあらゆる芸術家カフェの華となったロマーニッシェス・カフェにおいてはそうだった。

こうした芸術家相互のコミュニケーションの場について本を書くという作業は取り組みがいがあるとはいえ、やむをえず割愛しなければならない事項も多い。二〇年代ベルリンの文学・文化史をここで叙述することはできないし、芸術家カフェで繰り広げられた場面には、一九三三年までの時期の政治的・美学的な分裂状況は反映されていない。社会的・政治的発展や芸術的生産の決定的過程が進行していった舞台は、喫茶店《カフェ・ハウス》の外にあった。興味のある読者は、これらについてさらに詳しく述べた書物が巻末

▲カフェ「ウンター・デン・リンデン」。1926年，店の所有者と名前が変わった。それ以前，この店はカフェ・バウアーとして，シューマン街とシフバウアーダム街周辺の演劇人が好んだ溜まり場だった。1927年の写真。

の文献リストに掲載されているので参照されたい。

　右に述べた制約にもかかわらず、この種の書物は格別の魅力をもっている。二〇年代ベルリンの精神生活が生みだした多様性は、今日のわれわれにいたるまで感銘を与えつづけている。その多様性に大きな刺激を与えたものを本書の読者は直接に追体験できるからだ。つまり、芸術的生産にとって、対話と討論が果たした非常に生産的な役割を追体験できるのである。もちろん、ブレヒトは『三文オペラ』を「シュリヒター」で書きあげたわけではなく、シュピヒャルン街の自分のアトリエで著したのであり、作家レーオンハルト・フランク〔労働者、運転手、画家をへて作家。のちアメリカに亡命〕はロマーニッシェス・カフェではなく、グルーネヴァルトにある自分の机の上で小説をものした。しかし、彼らがさまざまな刺激を得ることができたのは、そのときどきの行きつけのカフェのテーブルで語らった仲間たちのおかげなのだ。

こうした雰囲気をできるかぎり忠実に再現しようとすることで、自動的に本書のスタイルが決まってしまった。著者は「目撃者」の世代には属していないので、のちに公刊された回想録からの抜粋で補足しながら、数多くの二〇年代のオリジナル・テクストを叙述にとり入れることになるだろう。また、今日に伝えられるエピソードもそれ相応の権利を認められており、こういったエピソードが本書において再現されることは、読書の楽しみをいっそう高めることになるであろう。そういうわけで、カフェとそのもっとも重要な常連たち——つまり、死んでからやっと名声を獲得した人物たち——の描写も、ともに証拠として記録にとどめることにしたい。うまくいけば、この常連たちについての記録は、ベルリンに関するこの書物に魅力的な一章をつけ加えてくれるかもしれない。

全体を概観することを本書は意図してもいなければ、またそれは不可能なことでもある。舞台があまりにも多彩なのだ。一九二八年にベルリンの飲食店は一万六〇〇〇軒を数え、そのうち喫茶店《カフェ・ハウス》は五五〇軒、バーとダンス・ホールは二二〇軒だった。そのうちの数百軒に、芸術家や知識人が出入りしていた。彼らの仕事場のすぐ近くにはそれぞれ溜まり場があった。たとえば、ジャーナリストが仲間だけでたむろした、新聞街近くのコッホ街にあるカフェ・イェーディッケ、ヴァリエテやサーカス関係者が出演後に集まったクライネ・スカーラ、映画集団が撮影終了後に集まったヴェスト・エント・クラウゼな

▲ウンター・デン・リンデン街とフリードリヒ街の角にあるカフェのテラスから。向かい側のハウス・シュレークにはカフェ・クランツラーがあった。1932年の写真。

▲ウンター・デン・リンデン街のカフェ・ケーニヒの屋外テーブル。このカフェ内の「ビリヤード・チェス・賭博ホール」は，午前10時を過ぎると人びとであふれかえっていた。1931年の写真。

どである。しかし、こうした「業界御用達」のカフェよりも重要なのは、朝から深夜まで絶えず人の出入りがあり、あらゆるジャンルと傾向の代表者が遭遇した「公的な」芸術家の溜まり場であった。

個別の常連芸術家の存在は、ベルリンではすでに一九世紀に確認できる。たとえば、ルター&ヴェーグナー・ワイン酒房《シュトゥーベ》でのE・T・A・ホフマン〔ドイツ・ロマン派の作家。幻想的作風で知られる〕をとりまく仲間たち、ハインリヒ・ハイネ〔一九世紀最大の詩人、作家〕が街に滞在するたびに集まってきた、イタリア風菓子屋シュテーエリでのハイネの仲間たち、ワイン酒場《ロカール》「黒 子 豚《ダス・シュヴァルツェ・フェルケル》」でのカール・ルートヴィヒ・シュライヒ〔外科医、芸術家、哲学者。局所浸潤麻酔法を創案〕の常連席などである。しかし一九〇〇年ごろになってはじめて、――ほどなく「誇大妄想狂《グレーセンヴァーン》」カフェとして有名となった――西区カフェ《カフェ・デス・ヴェステンス》が登場することにより、ボヘミアンの訪問者や客によって特徴づけられたあのタイプの芸術家カフェが形成されたのである。このカフェがその名声をきわめたのは二〇年代よりずっと以前のことではあったが、本書の叙述は、このカフェからはじまることになる。そのあとの章では、一九三二年までの時代からもっとも重要な溜まり場のいくつかを紹介しよう。これらの溜まり場はコミュニケーションと情報をさらに伝達していく場として、芸術作品の創造にいちじるしく寄与したものである。つづく一章は、それまでの章であげた芸術家とは異なり、実際にベルリンの喫茶店《カフェ・ハウス》やレストランのテーブルで大作を書きあげた二人の作家、エーリヒ・ケストナー〔叙情詩人、作家。三三年にはナチの焚書の対象となる〕とヨーゼフ・ロート〔流浪の小説家。『ラデツキー行進曲』が代表作。三九年にパリの施療院で死亡〕を扱うことにする。

われわれの二〇年代ベルリンの芸術家カフェの概観は、一九三三年一月三〇日〔この日、ヒトラーが首相の座についた〕以降の精神の大脱出《エクソダス》と、それがカフェ経営にも及ぼした影響を描写するエピローグで終わる。成立当初からすでにその滅亡の核を内に含んでいたワイマル共和国は、反動勢力によって計画的に滅ぼされてしまった。この反動勢力は一九三〇年以降、ドイツにおけるその対抗勢力よりもいっそう強力であることが証明された。長いあいだ共和国を守るべく声を大に叫んできた、真っ正直な考えをもつ多くの文筆家やジャーナリストや芸術家も、結局この事態をなんら変えることはできなかった。ブレヒト〔劇作家。三〇年に共産党入党。三三年に亡命。同時代人に多大な影響を与えた〕が詩的な隠喩で表現したように、「靴をはきかえるよりも頻繁に国をかえて」、彼らの大部分はナチス・ドイツを去らねばならなかった。[7] もとより本書は、ファシズムの暗黒がドイツを急襲する以前の大ベルリン時代の回想でもあるのだ。

第1章

芸術家カフェの誕生——誇大妄想狂カフェ《カフェ・グレーセンヴァーン》

▲クーアフュルステンダム街とヨアヒムスタール街の角の西区カフェ。のちに交通の激しい交差点になったこの場所は，1893年開店当初はまだ閑静な地域であった。世紀転換期には，このカフェは当時のベルリン・ボヘミアンの常連グループによって，誇大妄想狂カフェとして文学的名声を得た。エーリヒ・ミューザームやエルゼ・ラスカー=シューラーや初期表現主義者の仲間がここに出入りした。1905年ごろの写真。

▲25年後の同じ街角。かつての西区カフェの部屋にクランツラーの支店が開店した。1932年の写真。

クーアフュルステンダム街に松が生い繁り、緑のなか建物がさほど目を引かなかった一八九三年、キルヒナーという人物がヨアヒムスタール街の角に小さなカフェを開いた。この店は一八九五年にイタリア人ロッコの所有に移ったが、西区カフェ《カフェ・デス・ヴェステンス》としてやがてベルリンのボヘミアンたちの溜まり場になった。一八九六年秋には、近くにアトリエをもつ画家たちの最初の常連席がつくられた。そして一八九八年ごろから、作家や演劇関係者がその仲間に加わった。このころには、フランスに端を発したカバレットがドイツで地歩を固めはじめていた。エルンスト・フォン・ヴォルツォーゲン〔自然主義の作家。ユーバーブレットルの命名者〕とオットー・ユーリウス・ビーアバウム〔雑誌編集者、ジャーナリスト、作家〕が「寄席」をベルリンに紹介し、ユーバーブレットル〔パリの文学的カバレットをドイツに移入するさいヴォルツォーゲンによって与えられたドイツ版ジャンル名〕や響きと煙舞台《シャル・ウント・ラウホ・ビューネ》〔ドイツ座の若手俳優たちを中心にして成立した文学的・諷刺的カバレット。のちのカバレットに大きな影響力をもった〕といったショー・ビジネスが産声をあげた。

カフェの最初の常連のひとりに、画家エトムント・エーデル〔ポスター画家。近代的なポスター様式を確立した〕がいた。彼は一九一三年に、記念出版物『西区カフェ《カフェ・デス・ヴェステンス》の二〇年』を編集した人物でもあるが、そこには一八九九年末の出来事にたいするつぎのような追憶もみいだせる。

「西区劇場《テアター・デス・ヴェステンス》のパルツィファル・ホールでおこなわれる予定の、一九〇〇年の大晦日パーティーの準備が西区カフェ《カフェ・デス・ヴェステンス》内の小さな個室でなされた。それから数夜をへずして、ここでマックス・ラインハルト〔ドイツ近代演劇の革新者として巨大な足跡を残した。二〇年代を代表するひとり。のちアメリカに亡命〕の有名なパロディー『カルロス』が誕生した。ラインハルトは当時まだドイツ座の性格俳優であったが、彼はこのころすでに、二つの遺伝的疾患ともいうべき無口

▲1913年に出版された，エトムント・エーデル編集による記念小冊子の表紙。

とヘヴィ・スモーキングにとりつかれていた。こうした夜に、響きと煙舞台《シャル・ウント・ラウホ・ビューネ》が生まれたのだ」(8)

六〇年後、作家ペーター・エーデル〔画家エトムントの孫。四二年にゲシュタポに逮捕される〕は、自分の祖父エトムント・エーデルとその友人で後援者でもあった芸術批評家マックス・オスボルン〔さまざまな新聞で活動。ベルリン・ガイドブックを出版。ベルリン・ユダヤ文化同盟の設立メンバー。三八年パリに亡命〕のことを回想して、つぎのように書いている。このオスボルンは、エトムント・エーデルとともに連夜西区カフェ《カフェ・デス・ヴェステンス》の椅子を温めていた。「彼、オスボルン博士は、友人のエトムント・エーデルの輝かしい先駆的業績、つまり、思いきったユーゲントシュティールのタッチで、大胆に、感銘深く描かれ、ひとつの画派をそっくり樹立することにもなった数多くのポスターのことを叙述してみせるとき、有頂天になったものだった」(9)。西区カフェ《カフェ・デス・ヴェステンス》の初期の時代の造形芸術家には、カフェのテーブルの大理石板にスケッチやポートレートやらを描く、彫刻家オトマル・ベーガスや画家バロン・フォン・シェニスといった連中がいた。

時をへずして、第二のグループがすみやかに西区カフェ《カフェ・デス・ヴェステンス》の常連となっていった。一八九九年、芸術批評家ヘルヴァルト・ヴァルデン（表現主義の雑誌『嵐』誌を主宰）と女流詩人エルゼ・ラスカー＝シューラー（表現主義の代表的女流詩人。三六年に亡命）が結婚し、二人はその生活のほとんどを「自分たちのカフェ」で過ごしていた。そこでは数多くの芸術家や作家がヴァルデンの周囲に集まったが、その後一九〇四年以降、彼らは芸術家協会で協力し

▲『ベルリン昼刊新聞』。1904年にウルシュタイン出版社が独自の昼刊紙の創刊を決めたさいに，出版社の依頼で画家エーデルは宣伝ポスターをつくった。エトムント・エーデルのポスター，1904年。

▲エトムント・エーデル作のカバレット『シャル・ウント・ラウホ』のプログラム。マックス・ラインハルトのパロディー『カルロス』もその夜上演された。1901年のポスター。

あうことになる。その後まもなくして西区カフェ《カフェ・デス・ヴェステンス》の雰囲気を決定づけたこの「ヴァルデン・グループ」のもっとも重要な代表者は、エーリヒ・ミューザーム〔詩人、作家。バイエルン邦レーテ共和国の評議員。獄中で死亡〕、リヒャルト・デーメル〔叙情詩人、作家〕、ユーリウス・ハルト〔ジャーナリスト、批評家、詩人〕、ペーター・ヒレ〔詩人、作家、警句家。ミューザームらの協力で一九〇二年「カバレット・ペーター・ヒレ」を創設〕、そして医者であり詩人でもあるアルフレート・デーブリーン〔「ベルリン・アレクサンダー広場」が代表作。一九三三年にパリに亡命〕であった。美術商で出版人のパウル・カシーラーも、夫人の女優ティラ・ドゥリューとともにこの仲間の一員であった。のちにドゥリューは、ヘルヴァルト・ヴァルデンとエルゼ・ラスカー＝シューラーの姿をつぎのように描いている。

▲ヘルヴァルト・ヴァルデンの『嵐』誌を囲む芸術家集団は定期的に西区カフェで落ちあった。ジョン・ヘクスターのスケッチ，1928年。

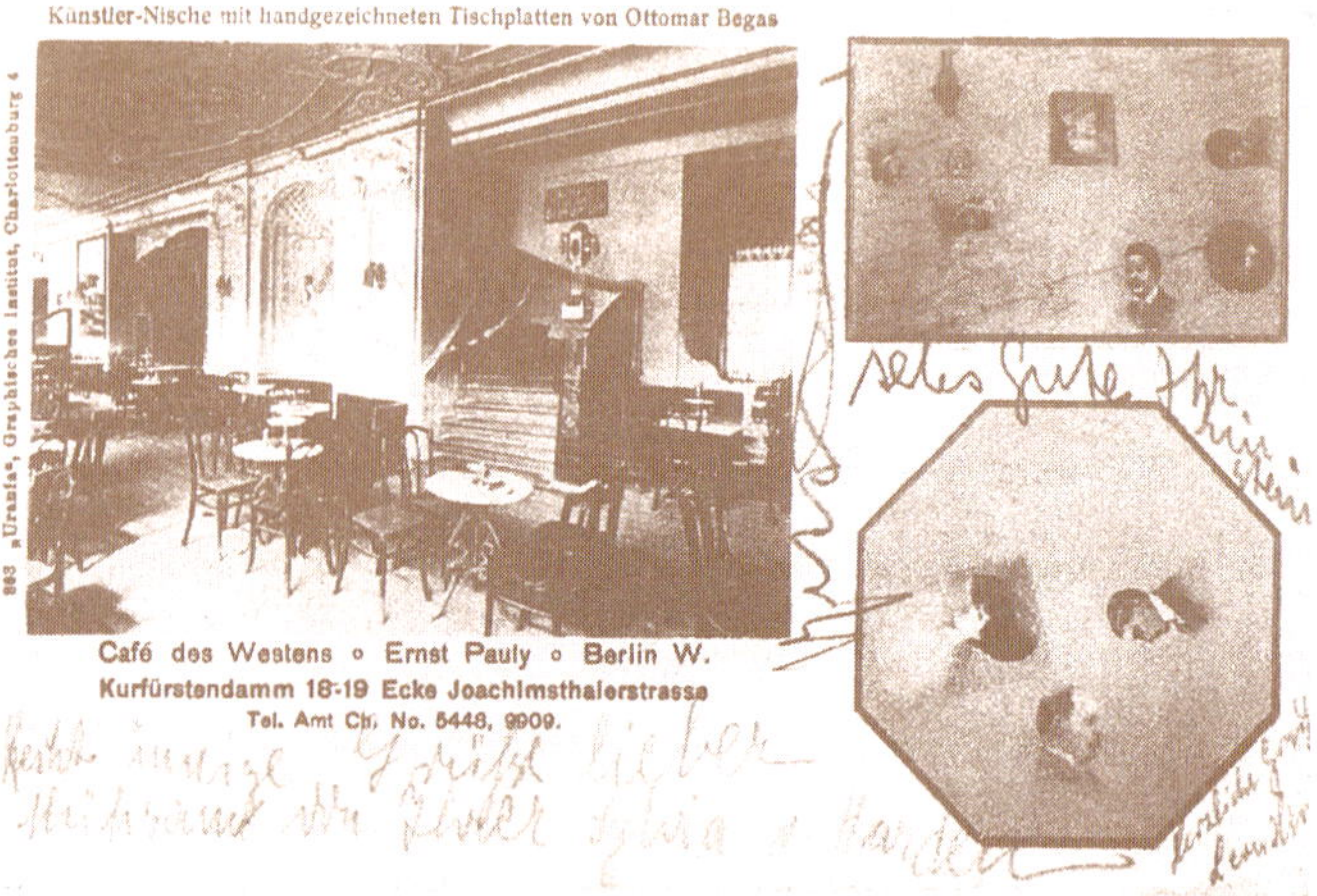

▲西区カフェの写真入りの絵葉書（1905年）。受取人はエーリヒ・ミューザーム。アルバート・アインシュタイン，出版業者レーオン・ヒルシュ，ジャーナリストのジルヴィア・フォン・ハルデンがおのおの一言をつづっている。葉書の左側にはカフェの内部，右側にはオトマル・ベーガスが店のテーブルの甲板に描いた有名な常連客の肖像がある。所有者エルンスト・パウリが傷つけられることを恐れて，ガラス板で覆わせた。

「傍若無人にふるまう青年男女の芸術家のなかに入りまじったこの夫婦と、おそろしくわがままに育ったその息子には、昼から深夜までいついかなるときでもこの西区カフェ《カフェ・デス・ヴェステンス》で会うことができた。この小家族の栄養源はおそらくコーヒーだけだったのではないだろうか(10)」

一九〇三年ごろ、このカフェは誇大妄想狂カフェ《カフェ・グレーセンヴァーン》という異名を得たが、歴史にその名をとどめたのはまさにこの異名のほうだった。このカフェのモデルとなったのは、すでに一九〇二年、同じ異名で芸術家カーニヴァルに芸術家たちを招待したことのある、ミュンヒェンのボヘミアン・カフェ「シュテファニー」である。

はやくも一九〇五年には、ベルリンの喫茶店《カフェ・ハウス》にかんする書物のなかに、「グレーセンヴァーン」という名前をみいだすことができる。誇大妄想狂カフェ《カフェ・グレーセンヴァーン》の項目には、たとえばつぎのように記されている。

「濁った、過熱した空気が、通りの角に建つ小さなカフェに低く漂っている。このカフェは部屋の仕切り壁がとり払われたわずかばかりの空間にすぎない。壁には安物のゴブラン織、天井には煙で煤けた化粧しっくい、すべてがこっけいなほどでたらめなロココ風である。しかし、十分な換気もままならぬこのお粗末な装飾を施された低い天井、空間が手狭なために生じるこの親密な同席風景――まさにこういったものこそが酒場《ロカール》を居心地よくさせているのであり、ベルリン西区のあらゆる若者たちを誘惑してやまないのである。自分たちのアトリエは居心地が悪く、また自分たちが間借りしている家具つきの部屋で過ごすにはベルリンの冬はおそろしく寒いのだ(11)」

▲誇大妄想狂カフェ。ルードルフ・L・レーオンハルトのスケッチ画「西区カフェの想い出」。1920年，論集『ベルリン・サーカス』のために創作。

ほぼ一九〇七年以降、クルト・ヒラー〔平和主義・行動主義のジャーナリスト、法律家。三四年にプラハに亡命、さらに三八年にロンドンに亡命〕と、そのすこしあとに結成されたネオ・パテーティッシェス・カバレット〔ヒラーを中心とする文学協会「新クラブ」が一九一〇年に創設したカバレット〕の周辺で活動している初期表現主義者たちが、カフェの常連エルンスト・ブラス〔表現主義の叙情詩人、評論家〕、ヤーコプ・ヴァン・ホディス〔表現主義の叙情詩人。『世界の果て』。四二年に収容所で殺害〕、ゲオルク・ハイム〔叙情詩人、小説家、劇作家〕、アルフレート・リヒテンシュタイン〔詩人。ダダの先駆。初期表現主義者。ネオパテーティッシェス・カバレットの創設メンバー。一四年戦死〕らと合流する。いまやカフェは、ますますベルリンの芸術家たちの中心的な溜まり場になる。芸術家たちは、クライスト街のノレンドルフ＝カジノやクーアフュルステンダム街のカフェ・クッチェラからも、誇大妄想狂カフェ《カフェ・グレーセンヴァーン》に場所を変えてやってきたからである。

さきほど述べた一九一三年の記念出版物『西区カフェ《カフェ・デス・ヴェステンス》の二〇年』のなかで、画家エトムント・エーデルは、この店の魅力とはいったい何なのかという問いを追求している。「なぜ、よりによってこの小さなカフェが精神の中枢になったのか、年代記作者はだれもその理由を解明できない。ある日ふと気がついたら、大ベルリンではどうやらここだけが精神と心に必要な活気を与えることのできる場所らしい、ということが事実になっていたのだ。それは、大理石のテーブルに甘いライムを塗ったかのようだった。この小さなカフェは、おいしいウィーン料理、ほどよく吟味されたピルゼンビールばかりでなく、その誇大妄想でも有名になった。このカフェを有名にしたのは所有者ではなく、客たちであった。徐々に、あらゆる分野の精神的英雄の一団が喫茶店《カフェ・ハウス》を埋めつくし、昼夜を問わず、大理石のテーブルに座り、寝泊まりした。そしてふたたび元気を回復すると、五五ペニヒ分の飲み食いをした。しかし、彼らはそこがバビロンの水辺でもあるかのようにあてどなくいつまでも、大理石のテーブルに座りつづけていた(12)」

このカフェのもっとも重要な守り神は、給仕長のハーン氏と、毛髪の色で「赤毛のリヒャルト」と呼ばれていた特別の新聞係のボーイであった。ハーン氏は、客たちから頼りにされる人物であると同時に客のツケ保証人でもあり、また質屋営業者でもあった。幾人もの支払い能力のあるパトロンや芸術後援者と密約を結んでおり、そのため客の知らないうちに、勘定が済んでいる場合もしばしばあった。たとえば、出版人パウル・カシーラー〔とくに印象派絵画の後援者〕は女流詩人ラスカー＝シューラーの、あるいは出版人ウルシュタイン兄弟のひとりは作家エーリヒ・ミューザームの飲食費用をもった。

常連にとって誇大妄想狂カフェ《カフェ・グレーセンヴァーン》はすでに彼らの生活の一部になっていた。一九一一年、病気でベッドに伏せていたエルゼ・ラスカー＝シューラーは次のように告白している。「さて私は二晩カフェにいなかった。……なんとなく気分がすぐれない。デーブリーン博士が私を診察するために、愛らしいフィアンセとやってきた。彼は、私が甲状腺の病気にかかっていると考えているが、本当のところ私はカフェに恋こがれていたのである[13]」。常連席にいるときこの女流詩人は、自分自身はもちろん友人にいたるまで、きわめて幻想的なあだ名をつけていた。作家リヒャルト・デーメルを「森林侯」、詩人ペーター・ヒレを「聖ペテロ」、ゴットフリート・ベン〔医者、詩人、評論家、表現主義的傾向、ナチに接近したこともある〕を「ギーゼルヘル王」と名づけ、さらに、第一次世界大戦以前のベルリンでの滞在中、欠かさず誇大妄想狂カフェ《カフェ・グレーセンヴァーン》に顔を見せていたカール・クラウス〔チェコ出身の評論家、叙情詩人、劇作家、諷刺作家。雑誌『炬火（ファッケル）』で鋭い論陣を張った〕は名誉なあだな「枢機卿」を頂戴していた。

表現主義の画家で版画家のルートヴィヒ・マイトナーは、一九一〇年ごろのカフェをつぎのように描いている。「そこではコーヒーとビールがそれぞれ二五ペニヒだったが、たとえ飲み終わっても、なにか別のものを注文するようにという給仕の催促もなく、一晩中座っていることができた。月日がたつにつれ常連の一団ができあがった。こういった常連グループのひとつが、大きな壁画に描かれていた。それはポスター風のどうということのない凡作であった。この壁画は壁の上方に目立つかたちで掛けられており、作家エーリヒ・ミューザームの仲間が描写されていた。……このような環境のかもしだす雰囲気は居心地のよいものだった。いやそれどころか、われわれにとってはなにか気楽な、くつろいだ雰囲

▲エルゼ・ラスカー=シューラー。エルバーフェルト出身の女流詩人。1894年にはすでにベルリンに上り，表現主義の先駆者のひとりとなる。1903年から12年までヘルヴァルト・ヴァルデンと結婚生活を送り，西区カフェではベルリンのボヘミアンの中心的存在であった。1932年，ワイマル共和国でのクライスト賞最後の受賞者となったが，その後ナチスを恐れてスイスからパレスチナへと逃れた。1907年の写真。

気だった。ほかのカフェとはちがって、照明もどぎつくはなかった。そこにはいつも、定職のない若い画家ジョン・ヘクスター〔評論家、版画家。「水晶の夜」のあと自殺〕がいた。彼は画家と称していたが、ボヘミアンであることは即座にみてとれた(14)」

一九〇五年ごろデュッセルドルフからベルリンにやってきた、この天賦の才に恵まれた素描画家ジョン・ヘクスターは、ほぼ二五年間におよぶ年月のあいだにベルリンのカフェ・ボヘミアンの最たるものとなった。彼はこの歳月の大部分をまず誇大妄想狂カフェ《カフェ・グレーセンヴァーン》で、つづいてロマーニッシェス・カフェで過ごした。この愛すべき浮浪人はおさだまりの儀式にのっとって、五〇ペニヒから一マルクのあいだの定められた額を各テーブルから徴収していた。それでヘクスターは暮らしを立てていたのだ。一九二九年、彼は二五年間に及ぶベルリンのボヘミアン生活の思い出を出版した。そこには、「西区カフェ《カフェ・デス・ヴェステンス》での一日」という章もある。それは、このカフェを中心点、コミュニケーションの中枢、そしてライフスタイルそのものとして描きだす嘘いつわりのないものである。

「こんにちは、ヘクスターさん」

ドアには「赤毛のリヒャルト」が立っており、新聞ホルダーで敬礼する。「カウンターにあなた様宛ての手紙がきております」。彼の背後からは、おしゃべり箱、つまり電話ボックスの上におかれているヴィルヘルム二世の石膏胸像が上から見下ろすようにのぞいている。この胸像はたくまずしてこの店の象徴となっていた。二分間私は、ヤーコプ・ヴァン・ホディス〔私の二部屋からなる住居の同居人〕と鍵の問題を片づけるために立ち話をし、それから、手紙をとりに急いだ。しかし、もうつぎのテーブルでひっかかってふたたび動けなくなる。芸術批評家ヘルヴァルト・ヴァルデンの主宰する『嵐《シュトゥルム》』誌の同人エルゼ・ラスカー＝シューラー、デーブリーン博士、ペーター・バウム〔詩人、主に表現主義的で抽象的な詩を書く〕、S・フリートレンダー＝ミノーナ〔哲学者、作家。『嵐』誌周辺の作家に影響を与えた。三三年に亡命〕、カール・アインシュタイン〔作家、評論家、芸術批評家。ダダに参加〕たちにウィーンから客が来ていた。つまりカール・クラウスとテオドール・ロース〔俳優。とくにラインハルトのもので活躍。正しくはアードルフ〕が、いちばん新しい掘り出し物である画家オスカー・ココ

▲ヤーコプ・ヴァン・ホディス。表現主義詩人。1919年まで西区カフェの常連客のひとりであった。1909年クルト・ヒラー，ゲオルク・ハイム，エルンスト・ブラス，アルフレート・リヒテンシュタインとネオパテーティッシェス・カバレットを創設。このカバレットは，1911年までベルリンのさまざまなカフェや酒場《ロカール》で上演した。ルートヴィヒ・マイトナーの肖像スケッチ画，1913年。

シュカ〔オーストリアの画家、版画家、詩人。三四年プラハ、三八年ロンドンに亡命〕をベルリンの連中にみせて歩いているのだ。いつも青ざめた顔をしている、愛すべき給仕アントンが私のために手紙をとりにいってくれた。その手紙には、「コメディー・フランセーズ」がクロル座で客演しているが、私の週間諷刺画のための材料をその上演のなかから探すようにとの依頼が認《したた》められていた。注文主はカール・ルートヴィヒ・シュレーダー博士の『ドイツ演劇新聞』である。そのときいくつか先のテーブルに、私が昼といわず夜といわず顔を合わせている仲間、エーリヒ・ミューザーム、フェルディナント・ハルデコプ〔叙情詩人、文芸欄執筆者、翻訳家など多彩な活動を展開し、表現主義の先駆者とみなされている〕、ルネ・シッケレ〔詩人、作家。アルザスに生まれたこともあって、独仏関係に心を砕いた。ナチの時代には国外追放〕、ルードルフ・クルツ〔評論家、映画理論家、劇作家〕がいるのに気づく。そしてプラハからきた新顔の画家マックス・オッペンハイマー〔通称モップ〕はここでは新参者であり、とりあえず逸話作家として名を売り、人気を博し、評価されたがっている。もっとも、ここ当分ミューザームはコーヒー代の支払いに困っている。すると、いつも親切なロシアの宮廷顧問官フォン・ローゼンベルク博士が、彼にささやく。「思いだしたんですが、私は貴方にまだ一〇マルクの借りがあるようです。よろしければこの場で……」「なにかのお間違いでしょう」ミューザームは冷たくさえぎり、言いはなった。「二〇マルクでしたよ！」搾取《たかり》者？アナーキスト？ボヘミアン[15]？

一〇年後、ミュンヒェンのレーテ共和国〔一九一九年ドイツ革命後、バイエルン邦で二週間存続した労農共和国〕の指導者のひとりとなり、それから一〇年たったのち、強制収容所で殺されたミューザームも、誇大妄想狂カフェ《カフェ・グレーセンヴァーン》での年月を思いだすことがしばしばあった。

「僕は毎夜やってくる常連たちと芸術家の常連席で夜中の三時か四時まで座っていた。そこで僕たちは芸術と文化を論じ、劇場支配人や出版人のことを話題にのぼらせ、政治的・個人的うわさ話に興じた」[16]

誇大妄想狂カフェ《カフェ・グレーセンヴァーン》がますます野次馬たちを引きよせるようになったのも、まさにこれらのうわさ話が原因であった。ここでは、天才たちの姿をありありと目にすることができるばかりか、後世まで伝えら

▲エーリヒ・ミューザーム。1878年ベルリン生まれの詩人。1901年グスタフ・ランダウアーを中心とするアナーキズム運動に参加。カバレットやさまざまな諷刺雑誌に書いた初期の作品が，すでに社会革命的な特徴をもっていた。1909年にミュンヒェンに移るまで，ミューザームをとりまく文士仲間は西区カフェに集まった。ジョン・ヘクスターの肖像スケッチ画，1928年。ヘクスターは1929年，懐かしい西区カフェへの想い出を自分のスケッチ画とともに１冊の本につづった。

れることになったすくなからぬ名文句を小耳にはさむこともできたからである。天才は数多く存在していたが、くわえて言葉と詩句の離れ業、風変わりな韻、すでに――その大部分が――名をなしていた仲間へのかなり辛辣なあてこすりが、カフェの「夜の番組」として好評を博していた。ここでも、信頼すべき記述をわれわれが目にすることができるのは、素描画家ジョン・ヘクスターのおかげである。

夜になると、しばしば言葉遊びに興じた。彼らはそのためにいつも新しく、より難しい規則をみつけだした。韻文で話すことなど、小学生並のレヴェルとみなされていた。少なくとも頭韻転換〔二語単位で押韻し、その二語の語頭子音を交換させる韻のこと〕でなければならなかった。ミューザームは、なんと四回も頭韻転換した。

あれはリーベトラウト嬢であった、
ブドウの副作用に苦しんだのは。
彼女の欲求は苦しく音をたてて高まり
それゆえ彼女はいそいで例のあずまやにかけこんだのだ。

Das war das Fräulein Liebetraut,
Das an den Folgen einer Traube litt.
Quälend rumorten ihre Triebe laut,
Weshalb sie schnell in jene Laube tritt.

あるいは、彼はある鉄道事故についての小説を丸ごと二つの韻文に頭韻転換しまとめてみせた。

二人は乗り換える必要などなかった
だから彼女はだまって彼に身をゆだねた。
しかし転轍機が間違って入れられていたので
二人は霊柩車に乗って帰るはめになった。

Sie brauchten gar nicht umzusteigen,
Drum gab sie sich ihm stumm zu eigen.
Doch da verkehrt die Weichen lagen,
Fuhr man sie heim im Leichenwagen.

ミノーナはこのすぐれたできばえに感激し、つぎのように絶賛した。

日銭めあてに彼ははい登る
シャンデリアの上に

Für Lohn kreucht er
Auf den Kronleuchter.

あるいは、

ドイツの詩人でもっとも読まれるべきなのは
骨を折って《ミューザーム》書く詩人のみ。

Von deutschen Dichtern lies am meisten,
Nur die so viel wie Mühsam leisten.

私も韻文遊びに加わった――この遊びをわれわれは「共感」と呼んでいたが、それはわれわれが熟

知している韻文のパターンを使って、ささやかな個人的なあてこすりを表現してみせる遊びであった。たとえば、

リルケ、リルケ、ライナー
ゲオルゲそして私、だれが書いたって負けはしない。
われわれは月桂樹のヤブのなかにいる
ほかの連中、ダマレダマレダマレ！

Rilke, Rilke, Rainer,
George und mir kann keiner,
Wir sitzen unterm Lorbeerbusch,
Die andern, die sind kusch, kusch, kusch!

あるいは、

落ちぶれた
クラブント
金持ちでなく、健康でない。
大ドジから
神さま、彼をお守りください。

Auf den Hund
Kommt Klabund,
Nicht reich, nicht gesund;
Vor glattem Mist
Bewahre ihn Herr Jesu Christ.

あるいは、

ホーフマンスタールは散歩の途中受信する
ある周波数からほかの周波数を。
ここで読んでは、あちらで書く
ゲーテ風に、ホメロス風に。

Hofmannsthal empfängt beim Wandern
Von dem einen Band zum andern,
Liest erst hier, schreibt dann da,
Mal goethisch, mal Homerika.

あるいは、

もし少なからぬ人が知っていたら
トーマス・マンとはだれなのかを。
そうすれば少なからぬ人がハインリヒ・マンに
もっと敬意を払うだろうに。(17)

Wenn mancher Mann wüßte,
Wer Thomas Mann wär,
Tät mancher Mann Heinrich Mann
Manchmal mehr Ehr.

未払いの勘定書の裏や新聞紙の端にも、さまざまな戯《ざ》れ歌が書かれた。たとえば、クラブント〔叙情詩人、小説家、劇作家。本名アルフレート・ヘンシュケ。カバレットのシナリオなども書いた〕のペンによるつぎのような詩がある。

この世は丸い。
半キログラムは
一ポンド。
トーマス・マンは指にケガをする
文をひとつ書いているうちに。
エーヴァースは低俗なものを書き
そして
君の口に
ピッタリあう韻をクラブントは踏む。[18]

Die Welt ist rund.
Ein halbes Kilo
Ist ein Pfund.
Thomas Mann schreibt sich wund
An einem Satz.
Ewers schreibt Schund,
Und
Auf Deinen Mund
Reimt sich Klabund.

新聞をこのように「悪用」するのを防ぐために、カフェの新しい所有者パウリ氏は一九〇四年以来スタンプを使用していた。「西区カフェ《カフェ・デス・ヴェステンス》にて盗難」と印されたこのスタンプが、「赤毛のリヒャルト」がうやうやしく配るすべての新聞に麗々しく押された。[19]

二八歳のレーオンハルト・フランク〔労働者、運転手、画家をへて作家〕が一九一〇年にベルリンへ移り住んだとき、誇大妄想狂カフェ《カフェ・グレーセンヴァーン》の新しい常連となった。一九一四年にフランクを有名にした彼の小説『盗賊団』の一

▲喫茶店。ルートヴィヒ・マイトナーのエッチング，1914年。

部は、カフェの大理石のテーブルで生まれた。フランクはのちに自伝小説『心臓のある左側』のなかで、西区《カフェ・デス・ヴェステンス》カフェについて、また、ヘクスターを思わせる伝説的なボヘミアンのひとり、アルゼンチン出身の詩人ルードルフ・ヨハネス・シュミートについて、主人公ミヒャエル・フィールカントの口を借りてつぎのようにいわせた。

世界都市ベルリンは、新しい、未来を孕んだ芸術と文学にたいして偏見がない。ベルリンはあらゆるものを受け入れ、与えた。都市の神経と精神は興奮していた。生活そのものが興奮していた。ミヒャエルが一九一〇年秋にアンハルト駅で列車から降りたときのベルリンは、そのような街だった。……こうした気分で彼は西区《カフェ・デス・ヴェステンス》カフェにはじめて入った。このカフェをしばらくのあいだ離れることになるのは、それから五年後のことであった。時計は朝の一一時をさしていたが、そこには新聞を広げる数人の客がいただけだった。給仕は燕尾服を着ていた。

詩人ルードルフ・ヨハネス・シュミートはグラス一杯のピルゼンビールを前にしていた。彼は顔を壁に向けて座っていた。ときおり彼は大仰に手を頭上高くあげ、架空の相手に大声で、世界は狂っており、地球はできそこないだ、と熱弁をふるっていた。[20]

ほかの箇所でフランクは、一九一四年春、突撃レポーターことエーゴン・エルヴィーン・キッシュとはじめて出会ったときのことを描いている。キッシュの小説『売春婦のひも』が、ちょうどエーリヒ・ライス社で公刊されたときのことである。

「第一次世界大戦前、友人のキッシュが最近出版された小説『売春婦のひも』をかかえ、賛美者とたくさんの若くて美しい女の子たち（小説のタイトルを参照されたい）に囲まれて西区カフェ《カフェ・デス・ヴェステンス》に入ってきた。それがキッシュと私との出会いの瞬間であった。われわれのあいだで、ただちに激しい文学論が火花を散らしはじめた。それは連日朝の五時までつづいたのだった。そしてあのころわれわれは、おそくとも午後四時にはふたたびカフェにいるという生活をつづけていたはずで、また、いつかは寝ていたという覚えもあるわけで、そうするといったい、いつわれわれは本を書いていたんだろうと今日自問してみるのだが、われながら見当もつかないありさまなのだ[21]」

それからわずか二、三か月後の一九一四年七月、第一次世界大戦が勃発した。一九一四年九月二日、キッシュは戦争日記につぎのように記した。

「一九一四年九月二日、水曜日。ライプツィヒから入隊した予備役軍人が、奥さんから追送してもらった『ライプツィヒ最新報知』をガイチで私に貸してくれた。古い号だった。しかしそのなかには、ベルリンの誇大妄想狂カフェ《カフェ・グレーセンヴァーン》の戦時のありさまを報じる文芸欄があった。この年、ほとんど毎日私はその店に通いつめていたのだった。ものすごく神経質で過敏で病的な店の顧客たちが、いまやどれほど異常な精神状態にみまわれているか、いかに彼らがうわさを仕入れ、うわさを誇張し、うわさを発生させたかを思い描くことができる。私は彼らが恋しい[22]」

もっとも、キッシュがこの文を書き記したときにはすでに、誇大妄想狂カフェ《カフェ・グレーセンヴァーン》の人気は下降線をたどっていた。時勢は、屈託のないボヘミアンの存在をとうに追いこしていたのだ。常連の多くは軍服を着なければならなかった。さらに、ほんの数軒先のクーアフュルステンダム二六番地に、もっと大きな場所が新しく提供されたので、カフェの所有者は一九一三年に移転する決意をした。一九一三年九月末に新しい西区カフェ《カフェ・デス・ヴェステンス》が開店した（古い誇大妄想狂カフェ《カフェ・グレーセンヴァーン》は一九一五年に最終的に閉店されて姿を消すまで営業がつづけられた）。引っ越しと改装には多額の金が費やされたので、業務管理は以前より厳しくなった。つまり、飲食代金の回収にうるさくなり、ツケはもう効かなくなった。さらに、新しいカフェにはかつてのような居心地の良さはなく、店の雰囲気は味気なく、冷やかであった。これらすべてがあいまって、芸術家たちは新しい店に移ることはしなかった。彼らはほかの場所、まずポツダム広場のカフェ・ヨスティ、そして、ほぼ一九一七、一八年以降は、ロマーニッシェス・カフェに居場所を移したのである。

ある証人は一九二一年につぎのように記している。「エーリヒ・ミューザームが野性的なジプシーの仲間に囲まれ、マルタやヘレーネへの芸術的思いを即興ソネットに託した時代、芸術の定義を探し求めることにみずからの一生をかけた老人が店に出没し、あれが例の老人だぜとみなで言いあった時代、ときに張り手ばかりか、ビリヤードのキューや椅子やテーブル板まで飛びかわしながら『美』の概念をめぐって議論をたたかわせた時代、リヒャルト・シュトラウス〔作曲家、国立オペラ劇場、ベルリン・フィルの指揮者、ナチの国家音楽局総裁〕、フランツ・

▲ポツダム広場。1920年３月13日，リュトヴィッツ将軍ひきいる部隊がベルリンに入城。カップ一揆によって，ワイマル共和国に対抗する軍事組織を樹立しようとした。強力なゼネストにより，このクーデタは失敗に終わった。すでに当時，ハーケンクロイツ（トラックに揚げられている）がバルト諸国からベルリンに召喚されていた反動的部隊の標章となっていた。

ブライ〔文化・教育関係の文筆家、劇作家〕、マックス・ラインハルト、ヘクスター、シッケレがカフェに出入りしていた時代、そういう時代は過去のものとなってしまった。それは、うつろいやすい流行と滅ぶべき運命にある神々が住む芸術のオリンポスだった[23]」

エルゼ・ラスカー＝シューラーはすでに一九一三年、『わがカフェ』と題した公開書簡を哀愁の念と強い憤りをもって認《したた》めている。そこにはつぎのように記されている。

かつてこれらすべての「過激派たち」の集まりに場所を提供したのは、誇大妄想狂カフェ《カフェ・グレーセンヴァーン》であった。しかしある日、カフェの所有者は、この仲間のひとりである詩人エルゼ・ラスカー＝シューラーに、あまり飲食しないからという理由で来店を禁じたのである。考えてもみよ！たらふく飲み食いする女流詩人なんて、一体全体女流詩人と呼べるのだろうか？彼女は当然これをひどい侮辱、詩人としての純真さにたいする恥ずべき不信と感じた。ほかの人も彼女と同じように考えた。だから彼女は憤慨してこの店を去った。……街角に立ったとき、われらの失われたカフェの創設者を哀惜の念をこめて思いだした。ロッコ氏は、われらの芸術家が彼の部屋に出入りするのを無上の喜びとしていた。われら芸術家はいわば西区カフェ《カフェ・デス・ヴェステンス》の申し子だった。われら芸術家がこのカフェに最初の晴れ着を贈ったのだ。われら芸術家こそが、このカフェをすべてのカフェの女王の名にふさ

▲ルネ・シッケレ。アルザス出身の詩人。西区カフェでは常連客のひとりだった。ルードルフ・グロスマンの肖像スケッチ画，1916年。

▲ポツダム広場のカフェ・ヨスティ。昼をまわると，２階の居心地のよい部屋に，芸術家や文士たちがつぎつぎとやってくる。ベルリンでもっとも交通の激しい広場を1927年に整備するさい建てられた「標準時計」は，待ち合わせやランデブーに人気のある場所であった。1929年の写真。

わしいものにしたのだ！

いまでは週に一度だけ、われわれは洋菓子店《コンディトライ》ヨスティに集まる。人数が多くなると二つのテーブルに座る。土曜日は秘密の会合だ。われわれは西区カフェ《カフェ・デス・ヴェステンス》氏に自殺を強要したいと思っている。私は、コーヒースプーンでみずからの命を断つよう提案する。(24)

あらゆる抗議にもかかわらず、パウリ氏は新しい酒場《ロカール》の雰囲気も自分の経営方針も変えはしなかった。その結果、誇大妄想狂カフェ《カフェ・グレーセンヴァーン》は芸術家の溜まり場としての存在意義を決定的に失うことになった。一九二〇年、ローザ・ヴァレッティ〔スター、女優。演技派の助演女優として知られ、映画にも出演した〕が新しい西区カフェ《カフェ・デス・ヴェステンス》の二階にカバレット誇大妄想狂《グレーセンヴァーン》を開店したとき、過去の名声をいくばくかとり戻すことができるかにみえた。ここで、生粋のベルリン子ブランディーネ・エービンガー〔女優、カバレット芸人、歌手。主にフリードリヒ・ホレンダーが彼女の曲を書いた。三六年に亡命〕が、フリードリヒ・ホレンダー〔作家、作曲家。ラインハルトの誘いで響きと煙舞台に、専属音楽家として参加。三三年にアメリカに亡命〕の『哀れな少女の歌』を新しい演出で演じた。しかしこの店も開店後わずか一年で、財政的理由からふたたび閉鎖の道をたどることになる。かつて広く名の知られた、クーアフュルステンダム街とヨアヒムスタール街の角地には、最後に一九三一年、カフェ・クランツラーが、フリードリヒ街とウンター・デン・リンデン街の角にある本店の姉妹店を開くことになった。

ヨーゼフ・ロート〔放浪の作家。三九年にパリで客死。本書第六章参照〕はかつての新聞係「赤毛のリヒャルト」の人となりを一九二三年に『新ベルリン新聞《ノイエ・ベルリーナー・ツァイトゥング》』に公表したが、この人物描写は誇大妄想狂カフェ《カフェ・グレーセンヴァーン》が栄えていた時代への心を打つ追悼文であった。そこにはつぎのように書かれている。

なじみのないカフェに彼は腰をおろし——なんと哀れなことだろう！——他人に新聞をとってもらっている。かつて内外の読み物という読み物すべての、だれはばかることのない支配者だったリヒャルトが、ほかの新聞係に新聞をもってこさせる。……何だって?! 世間ではもしや、リヒャルトがだれなのかまったく知られていないって？ 西区カフェ《カフェ・デス・ヴェステンス》の新聞係リヒャルトを？ 精神の高

▲西区カフェの常連客のあいだで，この伝説的な新聞係は「赤毛のリヒャルト」とだけ呼ばれていた。ジョン・ヘクスターの肖像スケッチ画，1928年。

潔さを体現する背中のこぶ、まさに英知とロマン主義のかたまりともいうべき背中のこぶをもつリヒャルト……彼は赤毛であった。彼は神の文学顧問と天上の新聞情報局長によって、新聞係という天職を授けられた者である。彼は幾世代もの文学者が店内を闊歩するのを眺めてきた。彼らは刑務所内に、はたまた大臣の椅子にと消えていった。革命家や省庁の専門担当官になった。そして彼らは、そろいもそろってリヒャルトに借金を残したまま姿を消したのであった。リヒャルトは、文学者がたどるであろう道を知っていたし、彼らの文体を熟知していた。彼らの作品がどこかで復刻されたことを知ると、彼らに話して聞かせた。つまり、そういった情報もまたリヒャルトは新聞にそえて手渡してくれたのだった。そして、もし彼らが無名の場合には――彼は援助の手をさしのべた。……古い西区カフェ《カフェ・デス・ヴェステンス》がついに閉店となり、リヒャルトがわれわれの署名を集めていたあの痛々しい夜を忘れることができない。サイン帳にわれわれの署名をこのようなかたちで不滅なものとして残すことこそ、文学に尽くした彼の最後の行為だった。その後リヒャルトは姿を消した。リヒャルトがふたたびロマーニッシェス・カフェに現われるまでには、しばらく時間があった。客として、よそ者としてふたたび故郷に帰ったとき、彼がどれほどの痛みを感じていたか、だれにもわかるまい?!……彼をみたとき、私の心を満たした悲哀感は、古い新聞の号や自分自身が昔書いた文芸欄を目にしたときに感じたものと同じものである。

それほどリヒャルトは、私にとってかけがえのない存在だった。[25]

第2章

創造的精神の待合室——ロマーニッシェス・カフェ

▲ロマーニッシェス・カフェの「泳がぬ者のプール」での雰囲気。午後遅くの大にぎわい。部屋のどこにも空いた席はなく，自由に読める新聞もすべてだれかの手にある。1930年の写真。

第一次世界大戦の砲火で、ベルリン・ボヘミアンの古株たちは、もはや立ちあがれぬほど徹底的に打ちのめされてしまった。かつてエキセントリックな生活形態と生活規範をもち、誇大妄想狂カフェ《カフェ・グレーセンヴァーン》を根城としていた者は、いまや、技術革新、拡大する商業化、そして「新即物主義」によって特徴づけられる二〇年代の新しい生活感覚に順応していった。そしてこの生活感覚は、芸術家の新しい交流形態をももたらしたのだった。

「古株たち」は、こうしたなりゆきを底知れぬ哀愁と苦汁に満ちた思いで記録している。ミュンヒェン・レーテ共和国で指導的な役割を果たしたかどで、禁固刑（一五年の有罪判決）を科されたエーリヒ・ミューザームは、ほぼ六年後の一九二四年に特赦を与えられ、ベルリンに戻ってきたが、まもなくつぎのように書き記した。「私の脳裏に浮かぶボヘミアンはもはやこの世には存在しない。今日みずからボヘミアンだと思いこんでいる連中が昔のボヘミアンの身振りをまねたところで、それで昔のボヘミアンがよみがえるわけではない」。さらに、同じ箇所でつぎのように述べている。「古い西区カフェ《カフェ・デス・ヴェステンス》を知っている者ならだれひとりとして本気で、このロマーニッシェス・カフェという意見交換の場が、自由思想家や、社会にたいするプロテストから根無し草の道を選んだ者、そして、みずからの意志でアウトローになった者たちが集まっている場所であったなどとは思わないであろう。……かつて私がカフェの扉を開けたのは、進行中の詩的な仕事と次の新しいアイディアを売りこもうとする熱意とのはざまにあって、機知、思いつき、抽象化、批判、機転のきいた毒舌といった、アクロバット的な言葉遊びをすることで

▲エーリヒ・ミューザーム。1925年，6年の禁固刑に服したのちの肖像写真。ミューザームは，ミュンヒェン・レーテ共和国を樹立しようとしたかどで刑に服していた。

精神の柔軟性を維持するためであったし、そしてしかつめらしい日常生活が精神に求めたものとは異なる着想で精神をはたらかせ、もみほぐすためであった。ところがいまや、ロビーは舞台と化し、カフェは、ラディカルな創造性のかけらもない教養化された過激主義の温床になりさがったように、私には思われる(26)」

いうまでもなく、社会にたいするプロテストから根無し草となった者やみずからアウトローの道を選んだ者は、二〇年代の若き芸術家世代を代表する多数派とはもはやいえなかった。多数派は、ワイマル民主主義が告知した目標に（少なくとも共和国の最初の年代では）自分自身を適合させ、新しい生活感覚を

▲ロマーニッシェス・カフェのあった建物。1920年ごろのレーオンハルト・フランクのスケッチ画。かつて西区カフェの常連客だった詩人は，ロマーニッシェス・カフェへの「引っ越し」のイニシアティヴをとった芸術家のひとりである。

前提として自分の作品を生みだしていた。

このように芸術市場の条件が変化したことによって、生産者兼売り主としての芸術家の役割という新しい経験が生みだされた。生産条件の変化がコミュニケーションの領域をも決定的に変えざるえなかったのは、必然的な結果であった。そのかぎりでは、さきに引用したミューザームの言葉は実際には割り引いて考えなければならない。一九二五年の文士カフェでは、一九〇五年のようにただ「進行中の詩的な仕事と次の新しいアイディアを売りこもうとする熱意とのはざま」で「精神」を柔軟に保つことなど不可能であった。いまやむしろカフェでは、コネをつけたり、物質的な生活基盤を確保し、また――かつてとは比較することのできないほど値上がりした芸術家への「申し出」がおこなわれる場合など――自分に注目を集めることが重要であった。だからといってそれは、たとえば機知、思いつき、機転のきく嗜虐的な言葉遊びが大理石のテーブルから消滅したということを意味していたわけではけっしてなかった。

記念教会堂《ゲデヒトニスキルヒェ》の向かいに一九一六年、商人カール・フィーリングが開いた喫茶店《カフェ・ハウス》は、一八年ごろからベルリンの芸術家たちごひいきの溜まり場になった。ロマーニッシェス・カフェである。その名は、カフェのあるタウエンツィーン街とブダペスト街のあいだに立つ、ネオ・ロマネスク様式の大きな商館にちなんでつけられた。この店は古い誇大妄想狂《カフェ・グレーセンヴァーン》カフェよりもはるかに大きく、数百人の客を収容することができ、しかもひどく下品なインテリアで飾りつけられていた。ロマーニッシェス・カフェの常連で

▲前方に開いたガラス張りのベランダをもつロマーニッシェス・カフェの外観。1928年の写真。

ある若き文士のひとりで、「創造的精神の待合室」という美しい概念を考えだしたギュンター・ビルケンフェルト〔小説家。時代批評的作風。三三年以降歴史物を書く〕（彼の小説『左から三番目の邸宅』は一九二九年にブルーノ・カシーラーから出版された）は、かつてこのカフェをつぎのように描いた。

「店そのものは、後期ヴィルヘルム時代のロマネスク趣味からとられたその名前と同じように、生彩を欠き、あたり一面冷やかな雰囲気を漂わせていた。北はレイキャビクから南はタヒチまで、およそ芸術の女神や優美の女神となんらかのかかわりをもつ者は、職業上の理由にせよ愛好者《アマチュア》であるにせよ、皆ここで顔を合わせた。回転ドアのはす向かいにはカウンターがあった。建築様式が不愉快このうえないもので、しかも料理がまずいという点では、プロイセンのあらゆる待合室となんら変わるところはなかった。規格化されたマカート・スタイル〔オーストリアの画家ハンス・マカートの肉感的でケバケバしい様式〕でつくられた大量生産による、車輪の形をしたシャンデリアが天井からつるされていた。そしてこれが、スレーフォークト〔マックス・スレーフォークト。画家。リーバーマンなどと並ぶ印象派の代表者〕、オルリーク〔エーミール・オルリーク。印象派画家、ベルリン美術学校教授、来日して木版画を習った〕、モップ（マックス・オッペンハイマー）が毎日コーヒーを飲んだ店なのであった！」[27]

芸術家の仲間たちがつぎからつぎへと増えていけば自分の店が繁盛していくことを、ロマーニッシェス・カフェの所有者はいちはやく見抜いた。彼は、昔の西区カフェ《カフェ・デス・ヴェステンス》のひそみにならい、専用新聞係を雇い入れ、新しい客の多くがほんのすこししかお金を使わなくても気にしなかった。極端な場合にだけ――たとえばコーヒー一杯で一二時間もねばるときなど――「証明書」なるものをちらつかせた。つまり、「お勘定をお済ませになってから、当店をお出になっていただき、二度とご来店くださいませぬよう、お願い申しあげます」という言葉が印刷されたカードを、支配人がカップの横におくのであった[28]。カフェのドアマン、ニーツ氏は、こうした「追放者」がふたたび来店するようなときには、すでに入店禁止が解かれているかどうか、回転ドアのところで厳しく見張っていた。

ロマーニッシェス・カフェの食事はまともに口にできるしろものではなかったが、どっちみち、ここで食事をとろうというのはフリの客であろうと考えられていた。というのは、フィーリング氏がいうように、「食事はいちげんの客に供するものでしかない。常連はどこか別の場所で食事をとる。すくなくとも、お金をもっている常連はそうである。お金をもっていない常連は、せいぜいグラスに入った二個の卵を食べる。そして、それも分けあって食べる[29]」

ここには、すでにロマーニッシェス・カフェの重要な姿が語られている。つまりここはかつての誇大妄想狂カフェ《カフェ・グレーセンヴァーン》のような長期滞在の場、終日の生活の場ではなかった。ジョン・ヘクスターも「引っ越し」をしたひとりだが、たとえば彼のような別格的人物だけがここを生活の場とした。人びとはなにか話をするために、最近の出来事やプロジェクトを議論するかあるいは演劇論をたたかわせるために、ここで二、三時間の時を過ごした。つねに人が入れかわりたちかわり、出たり入ったりした。浮世離れした避難所であった昔の芸術家カフェから、情報の積替え所、いや正真正銘の証券取引所と化したのである。そしてもちろん、若い、無名のメンバーが友人や後援者を求める「待合所」でもあった。

▲「永遠のボヘミアン」にして乞食の素描画家ジョン・ヘクスターは，西区カフェ，のちには誇大妄想狂カフェの常連客であった。『ミュンヒェン絵入り雑誌』(1929年) からの写真。

ベルリンにやってくる芸術家が増えれば増えるほど、ロマーニッシェス・カフェにもますます客があふれ、店内にタバコの煙が充満した。二〇年代のはじめに、常連たちはロマーニッシェス・カフェを皮肉たっぷりに、哀れなという意味を表わすヘブライ語を用いて「ラフモーニッシェス・カフェ」と名づけた。しかしすでに一九二五年ごろには、このカフェは名声を獲得していた。当時、『ベデカー〔ドイツの代表的な旅行案内書〕に載っていない必見の場所』というシリーズ本のひとつとして、ベルリン編も公刊された。数多くの魅力ある場所のなかで、同市を訪れる者にロマーニッシェス・カフェはつぎのように推奨された。「ロマーニッシェス・カフェはいわばベルリンの『横断面』〔当時の有名な雑誌の名でもある〕である。しかし、数

▲ロマーニッシェス・カフェのはす向かいのグローリア・パラストの建物に，カフェ・レギーナがあった。1925年の写真。

多くの人びとに愛読されているこのおもしろい雑誌の寄稿者がすべてロマーニッシェス・カフェの出身者だということではもちろんない（もっとも、たいていはそうなのだが）。ここには将来の芸術家や骨の髄からのボヘミアンがたむろしているだけではなく、文学的センスの鋭い広告代理人から引く手あまたの離婚問題専門の弁護士や定評のある精神科医にいたるまで、多種多様な人びとが集まっているのだ」[30]

カフェの部屋は、暗黙のヒエラルヒーに応じて区分けされていた。ほとんどひっきりなしに回っている回転ドアを通り、ドアマン、ニーツの守衛室の傍らを抜けると、左手に一〇ほどのテーブルを配した、すこし小さな、正方形に近い喫茶室がある。この部屋は「泳ぐ者のプール」と呼ばれ、すでに有名で名を成した人物のものであった。ここから、らせん状の階段が上の桟敷に通じていた。そこには、チェスやチェッカーの手あわせのための「ゲーム用テーブル」があり、そのまわりをいつも、こうるさいおせっかいな見物人の群がとり囲んでいた。

入口の右側には、六〇から七〇ほどのテーブルを配した長方形の大部屋があり、「泳がぬ者のプール」と呼ばれていた。そこは、希望に胸をふくらませた若者でいつもあふれかえっていた。もちろん例外もあった。たとえば、エーミール・オルリークを囲む画家の常連席のテーブルは「泳がぬ者のプール」のすぐ前であった。

パウル・マルクス〔ジャーナリスト、作家。ペムの筆名で各新聞において活動〕はロマーニッシェス・カフェの雰囲気を、一九二九年につぎのように描いている。

いうまでもなく、それはそれまでのタイプとは異質のボヘミアン、一九二九年ごろのボヘミアン――いわば、理想のボヘミアンではなく現実のボヘミアン――である。時代のスローガンであるビジネスが彼らをもとらえていた。もはや彼らはイーリアスを朗読したり、三部作を六歩格《ヘクサーメター》の韻律でつくったり、ラファエルばりの田園的風景を描いたりするほど風変わりではない。写真家、新聞雑誌の挿絵画家、レポーター、司会者、映画俳優――これらが彼らの目標である。そして芸術とビジネスとがこのように奇妙に混合したところから生じる質問は、「いったい何マルクになるんだ？」というものである。――つまり借金はますます難しくなるというわけだ。誇大妄想狂カフェ《カフェ・グレーセンヴァーン》から芸術家たちが移ってきて以来、ベルリン・ボヘミアンの中心地となったロマーニッシェス・カフェの横断面をみただけで、この変化が十分に納得されるのだ。すなわち、ボヘミアンは生きつづけている――ただ、戦前とは根本的に様相を異にしながら。

朝八時。カフェがピカピカに磨きたてられている。全世界の新聞が書架に舞いこむ。二人の夜遊び人が一番「煎じ」のコーヒーをすっている。会計係の女の子があくびをし、早起きをぐちっている。住所不定の画家がひとり、ツォー駅の待合所から陽気に入ってくる。

九時。しわだらけの小男が駆けこんできて、『北ドイツ報知』に自分の記事が載っているかどうか、あわただしくページをめくる。飛びこみの客が二、三人「コップに入れた卵」を注文する。その背後では、一六番、四番、九番の給仕が昨日ごまかされた飲食代を話題にしている。

一〇時から一時。無名の人びとがぼちぼちカフェに集まってくる。三人で一杯のコーヒー（スポンサーは後にならないとやってこない）、だがそれでチューリヒからハンブルクまでの新聞の山ができて、辛辣なコメントが言えそうな記事が捜される。ひとりが借金をして化粧室で髭を剃らせる。きっと彼は、ルポルタージュ「古典古代の電話基本料金」を編集者のところへもっていこうと思っているにちがいない。椅子を二つ並べてその上で過ごした夜の疲れが目ににじみでている、ひどい化粧をした女の子たちが、五ペニヒの煙草をたかる。ある有名人の弟がアスピリンを求める。風邪を引いているためだ。居あわせた客の全員が突然、顔を上げる。ひとりの諷刺画家がカツレツを注文したのだ。二マルク五〇!!! そしてほかの連中は、コーヒー一杯に五〇ペニヒ、チップこみで五五ペニヒを自由に使えることを手離しで喜んでいる。さもなければ、支配人と口喧嘩。「こちらの方はもうご注文はお済みになった？」

二時から四時。多少は名を知られた人物たちが集まる。レストラン・ケンピンスキーから出てきたばかりの、固定のギャラをもらっている人びとが、ちょっと立ち寄って一杯のモカだけを注文し、新聞に一瞥をくれる。絶大な権力をもつドアマンのニーツが現われ、にやにやしながら回転ドア近くのケルベロス〔冥府の門を守る頭の三つある犬〕の場所に座る。回転ドアはこの時間帯にはひっきりなしに回り、新しい客を部屋に送り入れる。まさにドル箱。後ろで、実用叙情詩人Kが「セックス・アピール」

▲2人のピスカトール文芸部員フェーリクス・ガスバラとレーオ・ラニアが，ロマーニッシェス・カフェで新しい演劇プロジェクトを論じている。右の席で永遠の乞食ジョン・ヘクスターが「じろじろ観察している」。『ベルリン週刊シュピーゲル』（1925年）からの写真。

という語に押韻する言葉を探している。「多く《フィール》」と「陰茎《ニール》」という韻はすでに使ってしまっている。一二番テーブルのところを、たったいま目玉焼きがバターとハールツ地方の名水とともに通り過ぎていった。ダンテことヘクスターが大ホールとケーキ売り場とを足を高々とあげてぎこちなく歩き、三つのテーブルをめぐり、いつもの五〇ペニヒを徴収する（ヘクスターは常連にたかる権利を確立していた）。

四時から七時。四時ごろ給仕の交代がある。これはしたり。五人の客が飲み代を払えない。「お金をもっている人が来るのを待ってるんですよ――しかしわれわれのことはご存じでしょう？――どうぞ、お好きなように。この金ペンがあいかわらず担保になっているじゃないですか――金ペンを没収なさるんでしたらもう一マルクだしてください。それで貸し借りなしです」。桟敷では最初のチェスの対局が催される。ポーランドのチェスのチャンピオンがナイトで王手とクィーンを同時にかけ、最初の二〇ペニヒを獲得する。夜の一〇時までにはみな夕食をとる。硬貨投入式の公衆電話は絶えずふさがっており、もう一台の電話はこれで二週間も壊れたままだ。電話ボックスでは躁狂の発作。二五分以内で片がつく通話はない。白髪の男が二枚の芝居の切符を高く売りつける。隅のほうでは、若い恋人どうしがレモネードを飲みながらいちゃついている。そして店内はぎゅうぎゅう詰めである。一人ひとりの名前を知っている人間なんているのだろうか？ブルジョワ階級の客は息がつまる――煙草の煙でもうもうとした空気を吸っただけで。店のどこかで舞台助監督がひとり雇われる。暖房のすぐ横にあるテーブルでは、ついいましがた超モダンな劇場の創設が決

▲ロマーニッシェス・カフェ。出版業者ブルーノ・カシーラーがマックス・スレーフォークト，彫刻家ハンス・ダマンと活発な議論をしている。エーミール・オルリークのスケッチ画，1926年。

▲ロマーニッシェス・カフェ。ルードルフ・グロスマンのスケッチ画，1927年。オイゲン・ソトマーリ編集の『ベルリン案内』のために描いた。

まったところだ。その向かい側では、諷刺的・哲学的・論争的な雑誌『第十一の指』〔ミュンヒェンの前衛グループ「十一人の死刑執行人」や陰茎への暗示も含んでいる〕の創刊。最初の一、二号は折り紙つきの莫大な収入が約束されている――が、結局のところ発行されたためしはない。ヘクスターは六つのテーブルをめぐり、いつもの五〇ペニヒを徴収する。

七時から一二時まで。ドイツ風ビーフステーキを思いきって注文する者がいる。給仕の交代までまだ数時間。残った黒パンにはあちこちから手がのびる。映画のタダ券をめぐる熱い闘い。大衆紙の編集者のまわりにタダ券を求める女どもの群れ。「私にも!」。ドアマンのニーツは明日まで二マルクを貸すのは残念ながらできかねると言っている。映画終了まで店の営業はパッとしない。そして、その後ふたたび店内は客であふれかえる。ヘクスターが九つのテーブルをめぐり、いつもの五〇ペニヒを徴収する。

一二時から三時まで。ふたたび活気が薄らぐ。燕尾服を着た二人の輩は、豪華に着飾ったボヘミアンだ。文学的な紫煙のなかに風船が揺れている。宿なしが最後までカフェでねばる。三時の時計とともにカフェは、抗議の声もどこ吹く風と最終的に閉店、たとえ客が「未解決の世界的謎」を解こうとしているんだと言いはってても片づけられる。

翌日の昼ごろ、記念教会堂《ゲデヒトニスキルヒェ》をめぐるケーゼ遊覧自動車が通る。運転手はつぎのように叫ぶ。「皆様、レディース・アンド・ジェントルメン、メダム・エ・ムシュー――右にみえますのがロマー

▲ロマーニッシェス・カフェの画家常連席。マックス・スレーフォークト(左)とルードルフ・レヴィ。『ミュンヒェン絵入り雑誌』(1929年) からの写真。

ニッシェス・カフェでございます。金にはならぬ芸術を営む者たちのオリンポス、ベルリンのボヘミアンの中枢にして……(31)」

マックス・スレーフォークトは、一九一六年ごろにはすでに画家の常連席をつくりあげていた。一九一九年以降、エーミール・オルリーク、マックス・オッペンハイマー、ヴィリー・イェッケル〔版画家、画家。ベルリン美術学校教授〕、ルードルフ・グロスマン〔素描画家〕、そして――プロイセン芸術アカデミー総裁としての仕事が許すかぎり――マックス・リーバーマンもここに定期的に集まった。画商や美術出版業者もこの仲間に入っていた。とりわけアルフレート・フレヒトハイムとブルーノ・カシーラー。オイゲン・ソトマーリ〔文化ジャーナリスト、作家。ガイドブック『ベデカーに載っていないベルリン案内』で有名〕は一九二七年に書いた『ベルリン案内』で、

▲アトリエでのエーミール・オルリーク。マックス・リーバーマン，ハインリヒ・ツィレとならんで，オルリークは1920年代ベルリンのもっとも有名な画家兼素描画家であった。ロマーニッシェス・カフェでは画家の常連席にたむろするひとりであった。1928年の写真。

彼らのために独立の章を設けた。

「この比類なきカフェに集まるいわゆる声望の高い客の紹介にとりかかるためには、私は造形芸術をトップにおき、カシーラー・テーブルからはじめなければならない。有名な美術出版業者であり、競争馬のオーナーであるブルーノ・カシーラーは常連だが、ここでは資本ではなく、芸術を売る。テーブルの座長をマックス・スレーフォークトにまかせ、いっぽうエーミール・オルリークはルードルフ・グロスマンと張り合ってスケッチをする。オットー・ディクス〔画家。戦争や社会の悲惨さを描いたが、三三年以降は新即物主義に向かった〕もときおり現われ、ペヒシュタイン〔画家。表現主義の中心人物のひとり。ベルリン美術学校教授〕やルードルフ・レヴィ〔画家。三三年ドイツから亡命したが、四三年ゲシュタポに逮捕され、死亡〕やレーデラー〔彫刻家。ベルリン美術学校教授〕もときどき姿を見せ、また、大新聞のルポ執筆者は毎晩ここに座り、きわめて辛辣な――ガリア的ならぬ――精神に満ちた批評を展開する。ゴダール、コニー、フォドールがわれがちに政治を論じ、素描画家ドルビンもその仲間に入る[32]」

エーミール・オルリーク。「小さな黒っぽい画家風帽子をかぶり、なかば白くなった『エドワード髭』を生やした男」（クレール・ヴァルドルフがかつてそのように描いてみせた[33]）。彼は、戦時中にはすでに肖像スケッチと肖像諷刺画という芸術ジャンルを新たに興隆させていた。いまや、ルードルフ・グロスマン、モップ、ベーネディクト・フリードリヒ・ドルビンのような芸術家が、彼と対等に肩を並べるようになった。ロマーニッシェス・カフェほど、時代の名士を的確に観察し、スケッチブックにとどめておくことができた場所がほかにあっただろうか？　新聞雑誌がますますこのような肖像画に関心をみせたので、この芸術の流派が発達し、二〇年代の典型的な産物となった。ロマーニッシェス・カフェでドルビンが肖像画を描いたひとりアルフレート・ポルガー〔オーストリアの作家、劇評家。本名ポラフ。ヒトラー政権成立後はアメリカに亡命〕は、こうしたスケッチのとらえ方の特徴をつぎのように描いた。

要するに、こうした諷刺画家のやり方は批評家の方法であり、しかも、一〇〇行もかけていいわれることを一行で表現してしまう、言葉を惜しむ批評家の方法である。私はこうした諷刺画家を心の兄弟として歓迎する。

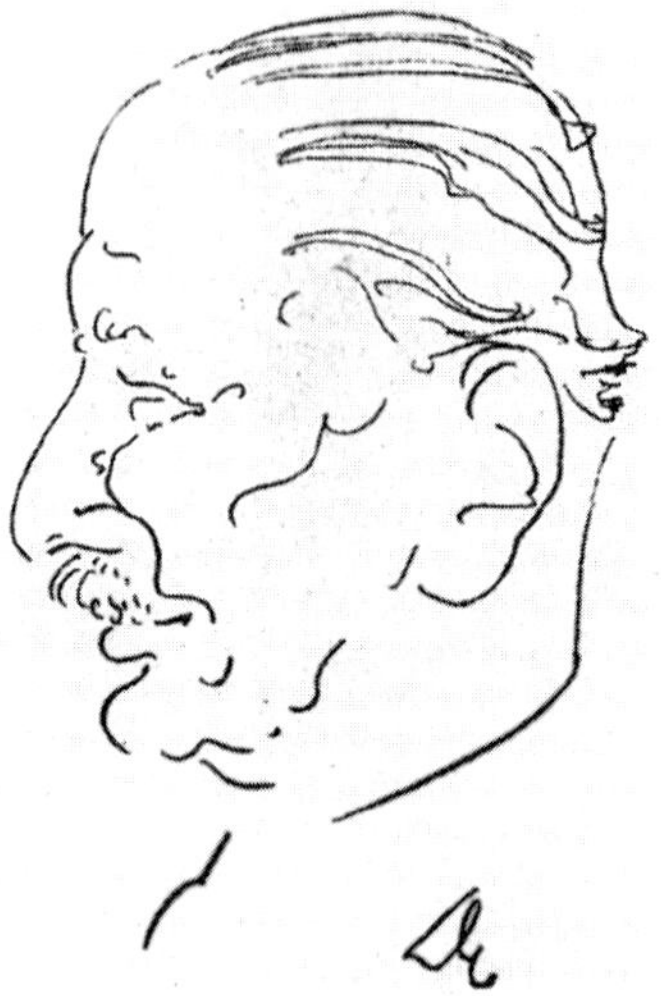

▲アルフレート・ポルガー。批評家で文芸欄執筆者のポルガーは，1920年代中ごろにウィーンからベルリンにやってきた。ここで雑誌『日記』の本格的寄稿者になった。数冊の著作集で公刊された短編はドイツ文学の傑作に数えられる。ベーネディクト・F・ドルビンの肖像スケッチ画。1924年。

諷刺画家が、みずからスケッチした文筆家の作品を正確に知っている、とは私は思わない。ところが、あたかも頭脳がつくりだした文学という媒体を通じてモデルの頭部を観察するかのように、したがって、いわば産みの父親の姿に加えて子供の姿も描きこんでスケッチしているかのように思われるときがまれにみられる。だから、ドルビンがモデルの作家の顔のなかに、（やがて花開くつぼみのように）眠っている作品を直観的に察知し、それを花開かせるという仮説はいっそう説得力がある。

たとえばアルフレート・ポルガーの顔には、女々しさ、あいまいさ、不快感が観察できるだろう。全体の顔つきにはけっしてまっすぐな線など描かれていない。
素描画家ドルビンは危険な男だ。インクに硫酸を混ぜ、無頼漢の刃物のように鋭くしっかりと鉛筆を握っている。(34)

その時代の芸術を積極的にリードした人物であり、雑誌『横断面』の創刊者でもあるアルフレート・フレヒトハイムは、しばしば葉巻をくゆらせながら画家の常連席に座った。彼はその当意即妙さのゆえに有名であった。ある日、マックス・ラインハルトの兄弟で彼の劇場事業の支配人であるエトムント・

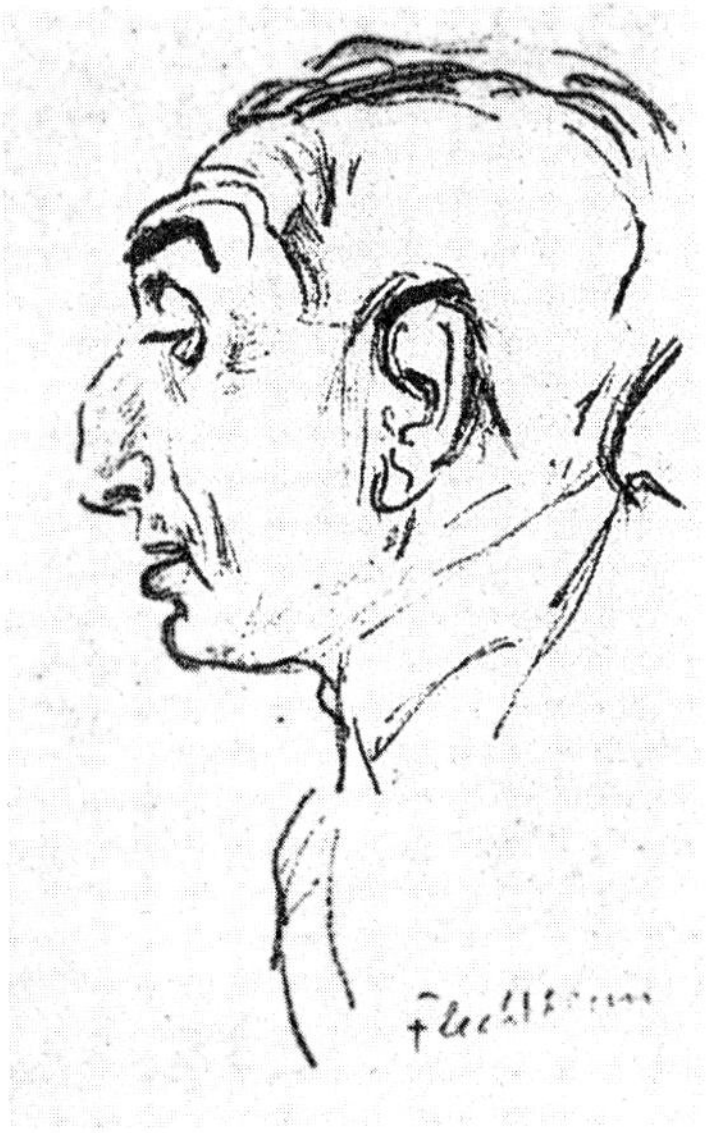

▲アルフレート・フレヒトハイム。美術品収集家，画商，雑誌『横断面』の創刊者。ロマーニッシェス・カフェの画家たちの常連席に集まる，多くの若き芸術家や常連客の重要な後援者であった。彼はみずから展覧会を催したが，なかでもフランスの「モデルネ」(現代美術)をはじめてベルリンに紹介した。エーミール・オルリークの肖像スケッチ画。1925年。

ラインハルトが、「フレヒトハイムさん、四つの劇場を存続させることがどんなにたいへんか、わかっていただけるといいんですが。毎日、朝早く起きると、二万マルクを数えてテーブルの上におかなければならないんですよ！」と嘆いてみせると、フレヒトハイムは「そのままベッドにいたらどうなんです？」と聞き返した。

ある青年が、雑誌を創刊する計画をたずさえてテーブルにフレヒトハイムを訪ねてきたとき（「フレヒトハイムさん、すばらしい考えがあるんです。いっしょにやれたらと思ったんですが。つまりあなたがお金を出し、私が精神を提供するというわけです！」）、フレヒトハイムは、「私がお金を持っているとしても、しかしあなたはどこから精神を調達してくるおつもりですか？」とにやりと笑った。

フレヒトハイムのまったく気に入らなかったホルヴァートの戯曲『イタリアの夜』初演のあとで、劇作家ホルヴァートは、「芝居は庶民的でなければならない。僕の芝居はどこでも上演することができるんだ、たとえ小便臭いど田舎の芝居小屋でだってね」と、自分の作品を弁護した。フレヒトハイムは「小便臭いど田舎の芝居小屋だけでね」と、この論争に終止符を打った——もっともこの場合、彼の判断は誤っていたが[35]。

のちに娯楽映画をヒットさせた監督ゲーゾ・フォン・ツィフロ〔娯楽・レヴュー映画などを制作〕は、一九二三年、若き文筆家かつジャーナリストであった彼が、ロマーニッシェス・カフェの不文律について無知のまま、画家がたむろする、かの有名な常連席にやってくることになったしだいを回想して述べている。

私は右手にある泳がぬ者の部屋に入り、回転ドアのすぐ隣にあるただひとつ空いたテーブルに座った。これが著名な画家リーバーマン、スレーフォークト、オルリーク、カール・ホーファー〔画家、版画家。ベルリン美術学校教授〕や、その他おとらず有名な画家たちの予約席だったとは知らなかった。私が座るやいなや、用心深い足取りで一人の老紳士がカフェに入ってきて、「やあ！」といって腰をおろした。それから私を調べるようにじろじろ観察し、生粋のベルリン方言で「お若いの、だれの息子さんかね？」とたずねた。

くだらない質問をするもんだな、と思った私は、「私の父の息子ですが」と、すこしいらいらしながら答えた。老紳士は笑って、「お気にさわったとしたらあやまります。ただ、常連仲間の息子さんにちがいないと思ったんじゃよ。スレーフォークトかだれかの」と答えた。

私は、このスレーフォークトというのがだれなのか知らなかったが、仕事熱心な給仕がテーブルに飛んできて、老紳士に「これはこれは、教授先生！ながらくお見えにならなかったですね」と挨拶したので、それ以上の質問を重ねることができなかった。

「八〇に近づくと、ヴァン湖といえど世界の果ても同然なのじゃよ」と、老紳士はのたまい、「コニャックを一杯」とつけ加えた。

「コニャックですね」と給仕は繰り返し、それから老紳士に「お若い方は？」とたずねた。「君が

▲プロイセン芸術アカデミー総裁マックス・リーバーマンはしばしば代表者としての任務を果たさなければならなかった。写真は1931年，南米の芸術作品の展覧会において開幕の挨拶をするリーバーマン。アカデミーにて。

自分で聞いたらどうじゃな」の答えに給仕はびっくりして、「彼はお仲間ではないんですか、教授先生？」すると老紳士は頭を振り、

「いや。私が入ってきたときには、彼はここに座っていたんじゃよ」

給仕は口をパクパクさせてあえぎ、「ここは特別予約席です。どうか別の席にお移りください」と私に向かって言った。

翌日になってはじめて私は、この老紳士がだれであるかを知った――マックス・リーバーマンその人だったのだ(36)。

ベルリン画壇の大御所リーバーマンにまつわる無数のエピソードのうち、ここでは、俳優フリッツ・コルトナー〔俳優、演出家。三三年に亡命〕がみずからよく口にしたものを再現しよう。

私がちょうどロマーニッシェス・カフェを出ようとしていたとき、ピスカトール〔演出家。画期的な演出で知られ「ピスカトール舞台」を設立。三三年にアメリカに亡命〕が回転ドアから入ってきたことがあった。私は立ちどまり、彼とちょっと言葉を交わした。われわれはこの日、著名な来客マックス・リーバーマン教授がいたスレーフォークト‐オルリーク・テーブルの近くに立っていた。このとき、スレーフォークトが老紳士に話しかけているのが聞こえた。「マックス、君は一度あいつを描くべきだよ、コルトナーを。僕は彼をたいへん

よく知っている。君さえよければ、話してみるよ。彼が君のアトリエに来て、モデルをつとめるようにさせる」。リーバーマンは手で拒絶の身振りをし、つぎのようにいった。

「やつの顔ならそらんじている。アトリエに来る必要なんかないさ。やつの顔なら僕は外の雪に小便で描いてみせるよ」[37]

おそらくベルリンでもっとも人気のある素描画家ハインリヒ・ツィレは、ごくたまにしかロマーニッシェス・カフェに来なかった。彼は、ベルリン北部にある飲み屋と居酒屋を好んだ。彼の仕事は、そこにただようプロレタリア的環境《ミリュー》に根をおろしていた。

新聞界の連中にとって、このカフェは市場兼取引所として最高の役割を果たした。ベルリンには当時多くのすばらしい文芸欄編集者、文化ジャーナリスト、批評家がいた。彼らは自分の作品を生みだすと同時に、おもしろく読ませる新しい寄稿者をつねに探していた。ロマーニッシェス・カフェはこうした作家たちと接触するための「中心」的な場所であった。

三つの支配的なメディア・コンツェルン、ウルシュタイン、モッセ、シェールの新聞・雑誌のために書いていようと、大政党の機関紙のためであろうと、あるいは『ベルリーナー・ベルゼン・クリール』、『世界舞台《ヴェルトビューネ》』、『日記《ダス・ターゲブーフ》』のような独立した新聞や雑誌に寄稿していようと、みな同じようにロマーニッシェス・カフェの常連であった。そこにはジャーナリストで演劇批評家のモンティ・ヤーコプス

▲ベルリンを散歩中のハインリヒ・ツィレ。この人気素描画家はほとんどカフェには顔をみせず，ヴァイゼン街の飲み屋「最終審」のようなプロレタリア的環境を好んだ。ここから彼は「下層民衆」の生活を描写するための素材を得た。1931年の写真。

Nr. 11 BERLIN Seite 5
Die Herren Kritiker stehen bereit

▲『ベルリン週刊シュピーゲル』（1928年）からのモンタージュ写真。新しい演劇シーズンがはじまると，市の指導的批評家が紹介された。上段左から，シュテファン・グロスマン（『日記』），ヘルベルト・イェーリング（『ベルリーナー・ベルゼン・クリール』），ノルベルト・ファルク（『ベルリン新聞』），アルフレート・ケル（『ベルリン日刊』）。下段左から，フェーリクス・ホレンダー（『フォス新聞』），フリッツ・エンゲル（『八時夕刊』），アルフレート・ホルツボク（『ベルリーナー・モルゲン・ポスト』）。

▲1926年のモンタージュ写真に載ったベルリンの著名な文化ジャーナリストたち。上段左から，エーリヒ・ドムブロフスキー（『フランクフルト・ゲネラル・アンツァイガー新聞』），ユーリウス・エルバウ（『フォス新聞』），エーミール・ファクトーア（『ベルリーナー・ベルゼン・クリール』），エーゴン・エルヴィーン・キッシュ（さまざまな新聞に寄稿），オイゲン・ソトマーリ（『八時夕刊』），カールエルンスト・クナッツ=ヴェルレ（『日刊ルントシャウ』）。中段左から，レーオ・ヘラー（『八時夕刊』），カール・フェッター（『ベルリン』），ヴィリー・ハース（『文学世界』），アルフレート・ケル（『ベルリン日刊』），クルト・ピントゥス（『八時夕刊』）。下段左から，シュテファン・グロスマン（『日記』），ノルベルト・ファルク（『ベルリン新聞』），エーゴン・ヤーコプゾーン（『ベルリン昼刊新聞』），ジークフリート・ヤーコプゾーン（『世界舞台』）。

▲ベルリンの指導的芸術批評家であり，『美術』誌の編集者のパウル・ヴェストハイムがひとりで席に座っている。ロマーニッシェス・カフェのスナップ写真。『ベルリン週刊シュピーゲル』誌に1925年に掲載された。

〔出版人でもある。三三年、編集の座から追われ、三七年執筆禁止処分。三八年スイス経由でロンドンに亡命〕と芸術・演劇批評家マックス・オスボルン〔さまざまな新聞で活動。ベルリン・ガイドブックを出版。ベルリン・ユダヤ文化同盟の設立メンバー。三八年パリに亡命〕、文化ジャーナリストのエーゴン・ヤーコプゾーン〔ジャーナリスト、作家。映画雑誌『映画地獄』の編集者。三四年ロンドンに亡命。ジェイムスンに改名〕とフレート・ヒルデンブラント〔ジャーナリスト、作家。第一次世界大戦の戦記物など。ナチの党機関紙にも書いていたといわれる。戦後は困窮した〕、作家クルト・ピントゥス〔作家、批評家。アンソロジー『人類の薄明』などで有名。アメリカに亡命〕とリヒャルト・カッツ〔プラハ生まれのジャーナリスト、作家。二〇年代後半ベルリンへ。『緑のポスト』創刊〕、文化ジャーナリストのロータル・ブリーガー〔芸術史家、ジャーナリスト。ベルリンで芸術批評〕と作家でもあるパウル・マルクス、ブルーノ・フライ〔オーストリアの作家。社会批判的ルポルタージュも。三三年プラハに、四一年メキシコに亡命〕とアルフレート・デュリュス〔ハンガリーの左翼系芸術批評家〕、シュテファン・グロスマン〔作家、ジャーナリスト。『日記』誌の編集長〕とフランク・ヴァルシャウアー〔出版人、放送理論家〕、批評家のヘルベルト・イェーリング〔演劇批評家。『ベルリーナー・ベルゼン・クリール』誌で主に

▲批評家。先のとがったペンを持ったアルフレート・ケルは，ここでは「批評界の法王」としてあらゆる芸術批評家を代表している。カール・レッシングの作品集『この世にたいする私の偏見』のなかの木版画。この作品集は1932年，グーテンベルク書籍出版組合から出版されたが，そこでケルはワイマル期の鋭い総括を行なっている。

活躍〕や劇評家のユーリウス・バーブ〔劇評家、劇作家。ユダヤ人文化同盟創設に関与。フランスを経てアメリカに亡命〕、同じく劇評家のベルンハルト・ディーボルト〔『フランクフルト新聞』の編集者。表現主義劇作家でもある〕らがいた。

ベルリン批評界の大御所アルフレート・ケルだけはめったにここに顔を見せなかった。彼がしばしば感情を逆なでて、傷つけるように攻撃した執筆者や舞台監督や俳優の多くから、公然と仕返しされるのを恐れたのだろう。もっとも、いちどロマーニッシェス・カフェでこうした衝突が起こったことがあった。ケルが、クルト・ゲッツ〔俳優、作家。主として喜劇作家として活躍。三三年スイス、さらにアメリカに亡命〕の大好評を博した戯曲『叔母の死』を完膚なきまでに酷評したとき、ゲッツはこの批評界の大物と二度と口をきこうとしなかった。ゲッツは道でケルに出会っても、ただ黙ってひょいと帽子をつまんで会釈するだけで、挨拶の言葉すらかけなかった。ケルも同じように反応した。しかしそのすぐあとで、二人は偶然ロマーニッシェス・カフェの仲間たちの席で出会ってしまった。その場に居合わせたほかの三人のうち二人が突然別れを告げ、三人目は電話に呼びだされるという事態が生じた。そこで、ゲッツとケルが二人だけでテーブルに残された。ケルは人を小馬鹿にしたような冷笑を浮かべ、ゲッツは敵意もあらわにじっと彼をみつめた。そしてついにゲッツが沈黙を破った。

「ちょうどいい機会ですからあなたにおたずねしたいのですが、私が数週間前からひとこともあなたとお話ししなかったことに気がつかれたでしょうか？」

「気がつきましたよ」とケルは肯定し、「そして私はこの機会を借りて、あなたにそのことでお礼を申しあげたいと思っているんですよ」[38]

このような辛辣なやりとりは、隣のテーブルで耳を澄ましていた人たちによって収集され、当然のことながらその後各方面に広められた。

その当時、ベルリンの新聞・雑誌が街の文化情況に与えた影響は相当なものであった。この街では書物、戯曲、個々の芸術家が一夜にして「作りあげられる」ことさえ可能であった。ベルリン子は普通、まず「ごひいきの」文芸欄の意見に目を通す。そのため文芸欄が人びとの意見形成に果たした影響力は大きかった。一九三一年にローヴォルト出版社から、こうした事例を鋭くかつ皮肉たっぷりに披露した

▲週刊誌『日記』編集者のレーオポルト・シュヴァルツシルトが，ロマーニッシェス・カフェのテラスの前でカメラに向かってポーズをとる。『日記』誌は『世界舞台』誌の補完的役割を果たすと同時に競争相手でもあった。左翼市民的・民主主義的な「赤」本にたいして『日記』の「緑」本は市民的・保守的路線を追求した。『ベルリン週刊シュピーゲル』（1925年）からの写真。

本、ガブリエーレ・テルギート（若い女性執筆者エリーゼ・ライフェンベルクの筆名）の『ケーゼビーア、クーアフュルステンダムを征服する』が公刊された。彼女はこの本のなかで、ベルリン北部のビア・ガーデンで明敏なジャーナリストによって見いだされた流行歌手、ケーゼビーアの半生を書き記している。これは、新聞・雑誌の後押しにより数週間後にはセンセーショナルな出世をし、最後は片田舎で一生を終える歌手の物語である。

この本のなかには、ロマーニッシェス・カフェの世界をきわめて正確に描いた叙述も含まれている。

ジャーナリストのフレヒターは晩になるとロマーニッシェス・カフェに座を占めた。ヴィリー・フレヒターは非常な長身で、首筋まで伸ばされた、油を塗った金髪の持ち主であった。彼はゴータ出身であった。

ロマーニッシェス・カフェはたいへん汚かった。第一に、窓ガラスは大きかったものの、精神の発揮される場にふさわしいようにと曇りガラスがはめられていた。第二に、絶えずタバコの吸殻を床に棄てる客のマナーの悪さのため、第三には、絶え間なく出入りする数多くの客たちのせいで、このカフェは汚くなっているのだ。

客たちは、職探しのため、音楽をするため、映画を撮るため、絵を描くため、芝居を打つため、文章を書くため、監督をするため、彫刻をするため、さらに車、絵画、地所、敷地、絨毯、骨董品を売るためにベルリンにやってくる。靴屋、衣料品店、化粧品店などの店を開くため、あるいは飢えに苦しみ、勉強するためにやってくる。彼らはことごとく、ロマーニッシェス・カフェのテーブルに座を占め、最初は泳がぬ者のプール、のちには泳ぐ者のプールに席をとる。彼らはみんな話したり、罵ったりする。

ヴィリー・フレヒターはハインリヒ・ヴルムと「泳ぐ者のプール」に座り、新進歌手のケーゼビーアを取材した連載記事が好評を博しているという話をして聞かせた。ハインリヒ・ヴルムは、自分はいまベルリンでの計画について書いているといった。「俺は全部もう『アルゲマイネ新聞』に売ってしまった」

「そうかい、田舎はなるほど支払いは悪いが、ずっと多くの選択肢がある。ぼくは絶対にベルリンの一新聞なんかにしばられたくはないな」とフレヒターはいった。「そういう言い方はないだろう、フレヒター」

フレヒターは立ちあがった。「ちょっと失礼」といい、電話のところに行った。電話ボックスに無理やり体を押しこむと、若い出版業者モーンコップに電話した。「いいかい、モーンコップ君、本を出版しなければならないよ。例の新進歌手ケーゼビーアについての本さ。小耳にはさんだんだけど、彼はヴィンターガルテン劇場に出演するらしいよ」。「すばらしいアイディアだ、どこで話しましょうか？」「今晩シュヴァンネッケで」

その夜、フレヒターはシュヴァンネッケに座った。わずか三週間で、彼はそこまでこぎつけたのだ。もうシュヴァンネッケで話し合いをするところまできたのだ。昨日はまだロマーニッシェス・カフェ、まだ床にタバコ、むきだしの床に紙巻きタバコと葉巻の吸いさし、大理石のテーブル、肌をむきだした女、グラスに二個の卵。今日は絨毯の敷かれた寄木張りの床、心地よいベッド、そしてワインと焼き肉とベアルヌ風ソース[39]。

ロマーニッシェス・カフェが重要な役割を演じている小説の一節をたどることにしよう。ガブリエーレ・テルギートと同じ年に、ペーター・ド・メンデルスゾーンは自伝的な小説『ベルリンを見限る?』を書いた。その小説では、ちょうど二二歳になったばかりの著者が「青春の超克」を描こうという試みを企てる。メンデルスゾーンの描く一人称の語り手が、ほとんど毎日ロマーニッシェス・カフェに座り、もの思いにふける。

今日のカフェにはなにか、とくに妙なところがあるように私には思われる。午前一時になろうとしていたが、カフェはまだすしづめ状態であった。タバコからたちのぼる紫煙が重々しく漂い、大部屋の後ろの壁にある巨大な鏡さえ曇りガラスのように濁っていた。私は知りあいの顔を数多くみつけた。いつもなら彼らは、私にはどうでもよい人びとであったが、今日は、その一人ひとりがなにか思い出を呼び覚ましてくれるかのようであった。

私が通り過ぎるとき挨拶を交わしたこれら二十数人の人びととは、それぞれなんらかの思い出を共有していた。ささいな口論、論争、うす暗い酒場《ロカール》での夜、文学についての対話、うまくいく見込みのない借金の申込み。何を見ても何を聞いても、今夜の私は思い出の感傷に浸っている。

おいちょっと――いったいなぜ君は、そんなにえらそうに通り過ぎていくんだい――僕らが二人ともほとんど文無しだったとき、君といちどツォークヴェレでソーセージを食べたじゃないですか――君にはまだ一マルク貸してたんじゃなかったっけ？ 督促するつもりはないんだが、ただちょっと金欠なんだ――なぜ君は、編集部でこのあいだああ無愛想だったんだい――あんたの上司はだいたい文学が全然わからないんだよ。このすばらしい作品を送り返してきたんだぜ――どうしたんだい、レングフェルト、あのときオミヤゲにもらった梅ちゃん〔梅毒〕はどうなったんだ――なんだって、まったく忘れてしまった？ でしょうな――ええ、ええ、僕もそうです――ご立派な人びとですな――私はだれにともなく煙を通してしゃべっていた。連中はみんな不潔な襟を恥とも思わず、時計を質屋に入れ、六人の堕落した絵のモデルにいつも助けてもらっている。彼女たちとどこかのアトリエで楽しむ。しかしこれはまっとうな生活じゃない！[40]

このカフェを有名にしたのは画家、素描画家、ジャーナリストとならんで、とりわけ文筆家だった。

▲「ゲーム・ギャラリー」のチェスに興ずるローダ・ローダ。このオーストリアの詩人はベルリンに滞在中，ロマーニッシェス・カフェでチェスの勝負をするのを日課としていた。『ミュンヒェン絵入り雑誌』（1929年）からの写真。

当時ベルリンに住むほとんどの作家は規則的に、あるいは少なくともときおりここに顔をだした――アルノルト・ブロンネン〔劇作家。共産主義運動にも参加。三七年に執筆禁止となる〕からカール・ツックマイアー、ヴァルター・ハーゼンクレーヴァー〔作家。反戦悲劇でクライスト賞受賞。三八年国外追放〕からアルフレート・デーブリーン、ハンス・J・レーフィッシュ〔作家、法律家。ピスカトールと共にベルリンで劇場支配人も。三三年亡命〕からフェルディナント・ブルックナー〔劇作家。「ベルリン・ルネサンス劇場」を創設。三三年にアメリカに亡命〕、そしてベルトルト・ブレヒトからアルノルト・ツヴァイク〔作家、シオニスト。三三年に亡命〕にいたるまで。すでに「ヴェテランの」執筆家であろうと、まだ自分のチャンスを模索しているような者であろうと、ここで、いましがた書いたばかりの詩や短編小説を新聞雑誌の関係者に提供することができたし、大出版社の企画担当者と、小説の企画や計画されたアンソロジーへの参加について交渉することができた。それゆえ、キーペンホイヤー社のフリッツ・ランツホフとヘルマン・ケステンは、ローヴォルト社のフランツ・ヘッセル、カシーラー書店のマックス・タウやウルシュタイン社のマックス・クレルらと同様に、引く手あまたの話し相手であった。

しかし「ゲーム・ギャラリー」では、ローダ・ローダやブレヒトが、エルゼ・ラスカー＝シューラーの義理の兄弟であるほかならぬチェス世界チャンピオンのエマヌエル・ラスカー〔チェスに関する著作も有名。数学の学位をもつ。三三年亡命〕としばしば連れ立って、チェスに没頭していた。エマヌエル・ラスカーは一八九四年から一九二一年までチェス界に君臨し、ベルリンの人気者だった。俳優のフリッツ・コルトナーが、一九二五年に

▲チェス世界チャンピオンのエマヌエル・ラスカー。エルゼ・ラスカー＝シューラーの義兄弟。ロマーニッシェス・カフェの「ゲーム・ギャラリー」で人気を集めたチェスの相手。マックス・オッペンハイマー（モップ）の肖像スケッチ画，1924年。

NUMMER 11 Hamburger Illustrierte SEITE 5

Wir gehen ins Café weil...

Äußerungen prominenter Kaffeehausbesucher, eingeholt von unserm Mitarbeiter Romani Bernhardt

Grete Mosheim

Eugenie Nicolajewna

Egon Erwin Kisch

Paul Morgan

Kammersänger Michael Bohnen: Schade, daß es die Wiener Art des als ob wir alle, wie wir da sitzen, zusammengehören würden. Und diese still abgemachte Konvention ist es, die mich fast täglich ins Kaffeehaus lockt.

▲1930年,『ハンブルク絵入り雑誌』はベルリンの芸術家カフェ讃歌の特別記事を掲載した。写真におさまっている女優グレーテ・モスハイム（左端),当時ベルリンで人気のあった踊り子オイゲーニエ・ニコライェヴナ（中央左),エーゴン・エルヴィーン・キッシュ（中央右),喜劇役者パウル・モルガン（右端）とならんで,ボクサーのパウル・ザムゾン=ケルナー,マックス・スレーフォークト,ローダ・ローダ,ベルリンのオペレッタ・流行歌作曲家ヴァルター・コロがカフェへの熱い思いを述べている。

ケーニヒグラーツ街の劇場でアルトゥール・シュニッツラーの戯曲『ベルンハルディ教授』の主役を演じたとき、彼はエマヌエル・ラスカーの姿を忠実に模倣した。

エピソードをもっとも多く残した三人の文士は、一定の期間だけベルリンに住み、ベルリン滞在時にはほとんど毎日ロマーニッシェス・カフェに顔を見せる「よそ者」だった。この三人とは、プラハのジャーナリスト、エーゴン・エルヴィーン・キッシュ、ウィーンのアントン・クー〔小説家、評論家。三八年に亡命〕、ブダペストの劇作家フランツ・モルナールである。

モルナールは二〇年代のもっとも成功をおさめた劇作家のひとりで、彼の戯曲、とりわけ『リリオム』は、つねに満員札止めの観客を前にして上演された。彼と同郷の人ツィフロがつぎのように回顧している。

> ロマーニッシェス・カフェでは、彼は宝物でもあるかのように手厚いやり方でつぎつぎと紹介された。というのは、彼は才気に満ちた、機知に富んだ貴人であり、その警句はいつも的を射ていたからである。
>
> あるジャーナリストは嘘つきで知られており、また大口たたきともみなされていたが、彼についてモルナールはつぎのように語った。「まったく信頼できない人間だね。彼の嘘たるや、彼が物語ったことの反対のことですら本当だったためしはない！」

フランツ・モルナールはベルリンでの日々をホテルで執筆したり、喫茶店《カフェ・ハウス》でおしゃべりしたりして過ごした。しかし喫茶店《カフェ・ハウス》に顔を見せるのは、午後一時より前ということはけっしてなかった。というのも、彼はそのくらい朝遅くまで寝ていたからである。目が覚める前に起こそうものなら非常に不機嫌になった。しかしある日のこと、出版業者が朝八時前に就寝中の彼を起こさざるをえなくなった。というのは、モルナールがシャルロッテンブルク区裁判所に証人として出廷しなければならなかったからである。

苦心惨憺のすえ、モルナールをタクシーに押しこんだが、しかし彼はすぐに寝入ってしまった。タクシーの荒っぽい動きで突然目覚めたモルナールは、寝ぼけまなこで窓から外を眺め、通りを行き交うたくさんの朝の通行人を見た。疑わしげに彼は頭を横に振り、「これがみな全部証人なのかい？」とつぶやいた[41]。

ロマーニッシェス・カフェに「突撃レポーター」エーゴン・エルヴィーン・キッシュがやってくるのは慣習のようなものだった。すでに言及した一九二七年の『ベルリン案内』〔本書67頁参照〕ではキッシュに特別の一節が割かれている。

「エーゴン・エルヴィーン・キッシュがロマーニッシェス・カフェの常連であることは当然のことだ。それどころか、彼は常連中の常連である。というのも、彼はシュヴァンネッケに行く前に、ベルリンじゅうを歩きまわり、社交の機会を毎晩さがし求めているからである。シュヴァンネッケでは、キッシュは日々の政治に忙殺されてしまうのだ(42)」

ロマーニッシェス・カフェに残る数多くのキッシュ・エピソードから、ここではいくつかを紹介しよう。

エーゴン・フリーデル〔作家、演劇批評家、俳優〕とアルフレート・ポルガーは、エーゴン・エルヴィーン・キッシュのいる席からすこし離れたテーブルに座っている。キッシュはポルガーに賛美の視線を送るが、ポルガーに無愛想な微笑で答えられ、彼のテーブルにいく勇気をなくしていたところだ。ポルガーが立ちあがり、カフェを出る。フリーデルが彼につづく。そのとき、キッシュはフリーデルの腕をしっかり抑えていう。「ちょっとお待ちください、博士。ポルガーは私の悪口を言っていましたか?」

「とんでもない。それどころかあなたのことをとてもほめていましたよ」

「いったいなんて言ってたんですか?」

「キッシュがわれわれの席に座らないなんて、なんと親切なことだろう、と言ってました」

また、あるとき、

キッシュはロマーニッシェス・カフェで、不治のアルコール中毒患者たちのために寄付をしてくれるよう、ある人から呼びかけられた。

「いいでしょう、キルシュ〔さくらんぼの蒸留酒〕にしますか？ラム酒がいいですか？」

また、ある日、

キッシュと作家F・Rが一緒のテーブルに座っている。

「忙しいの？」とキッシュが聞く。

「かなり」

「いまなにを書いてるの？」とキッシュ。

「回想録を書いてるところなんだ」と、質問されたほうが答える。

「そろそろ一九二五年のところまでくるのかい？」とキッシュはたずねる。

「なんで一九二五年なんだい？」とF・Rが驚く。

キッシュは威圧的に言葉を発する。「あのころ君に五マルク貸したんだけど。君は今日まで、まだ返してくれていないんだ[43]」

また、ある日、キッシュはマルクスの『資本論』を大理石のテーブルの上においていた。これをアルフレート・フレヒトハイムが見て、つぎのようにからかった。

「資本と労働の問題性を私に説明することのできる人が、とうとう現われた！」

「そんなのはまったく簡単です」とキッシュ。「もしあなたが私にいま一〇〇〇マルクお貸しくだ

▲アントン・クー。ウィーンの作家。1926年にしばらくのあいだベルリンに滞在した。ベルリンではクーはロマーニッシェス・カフェ，のちにホテル・アドロンのサロンで，その機知と当意即妙さによって1920年代のもっとも特徴的なカフェ文士に出世した。エーミール・オルリークの肖像スケッチ画，1926年。

さると、私は資本を手に入れるわけです。で、そのお金をとり戻すためにあなたが費やす努力が労働なんですよ(44)」

ウィーンの人アントン・クーは——故郷の町と同じように——ながらくベルリンに滞在するあいだ、モダンなカフェ文士の地をそのままいっていた。いつもお金に困っていた彼は、愛すべき浮浪人として世間の評判を呼んでいた。もちろん、すべての友人と芸術家仲間が、ヘクスターやクー以外にも一連のロマーニッシェス・カフェの常連からくる借金と施しの願いに、同じように友好的に対応したわけではなかった。花形コメディアンのパウル・モルガンは、彼自身があるアンケートで報告したように、こうした借金の習慣があったためにできるだけこのカフェには足を運ばないようにしていた。

「なにか予期できない偶然でロマーニッシェス・カフェに来て、そこで一杯の紅茶を飲みたいと思うと(私は原則的にコーヒーは飲まない)、私自身はたとえ一杯の紅茶しか飲んでいなくても、たいてい三杯から五杯ものコーヒー代を支払うはめになってしまう。そして自分の紅茶代も、いずれにせよ自分で支払わなければならないのだ(45)」

アントン・クーに話をもどそう。彼が書いたものはすくなかったが、それだけその舌鋒は鋭かった。クーの講演は有名なもので、たいてい真夜中にクーアフュルステンダム劇場で催されたが、芸術や政治の事件を諷刺的にコメントしたこだわりのないものであった。もちろん、それだけでは生きていけなかった。それどころか、ときおりは、その場しのぎのために剽窃までせざるをえないこともあった。一九二六年、クーは数年前にウィーンで出版されたエーゴン・フリーデルの短編を『横断面』誌に自分の名前で発表した。剽窃の被害をこうむったフリーデルのクー宛公開状は、数週間ものあいだロマーニッシェス・カフェの話題をさらった。

拝啓、貴殿が小生のつたない物語『ヨーゼフ皇帝と売春婦たち』をそっくりそのまま、「アントン・クー作」という言葉をつけ加えただけで『横断面』誌に発表されましたことを知り、小生は驚いております。

ホメロス以降の全世界文学に精通した貴殿に小生のユーモラスな小話を選んでいただきましたことは、もちろん名誉なことであります。ですから、お返しをしたいのはやまやまなのですが、貴殿の全作品に目を通しましたところ、小生の名前を冠することができるようなものはひとつとして見あたりませんでした(46)。

もしかするとキッシュとクーは、両者ともロマーニッシェス・カフェの警句の王であったがために、互いに我慢することができなかったのかもしれない。かつてキッシュは、クーも加わっていた激しい文学論争に口をはさんだことがあった。キッシュがクーの論拠に賛成したため、論争はアントン・クーの勝利に終わった。すると、クーがキッシュに手を差しだした。キッシュは、「ふーん、だからといって絶交がおしまいってわけじゃないぜ」といって、その手を握った。(47)

こうした敵対関係の原因を文化ジャーナリストのエーゴン・ヤーコプゾーンは究明しようとした。「キッシュがクーのたかりの才能を嫉妬していることはありえない。というのは、キッシュはたかろうとしないからである。だから、クーのほうだけがエーゴンを嫉妬しているのかもしれない。というのは、エーゴンは機知に富んだ短い話のほかに、クーが書けないものを書くこともできるからである(48)」。オーストリア人クーの洗練された短い散文のことを考えてみれば、これは誤った判断ではある！

ロマーニッシェス・カフェのすべての常連席と常連たちの交友範囲を、ここでさらに詳しく描くことはできない。たとえば、週に一度決まった仲間（人気コメディアンのマックス・パレンベルク〔オーストリアの俳優。一四年以来ベルリンで活躍。「モリエール」劇で有名〕が妻のオペレッタ・プリマドンナのフリッツィ・マサーリ〔女優。二〇年代ベルリンのスター歌手〕と一緒に、こうしたテーブルに座った）が集まる「週一会席」、あるいは自立した女性たちの席や、さまざまな色あいの若い女の子がアヴァンチュールや顧客を待つ「小娘席」。

もちろん、人気のあるスポーツマンたち、たとえばボクシング・チャンピオンであるマックス・シュメリングやパウル・ザムゾン＝ケルナーと同様、スポーツ・パレスの六日間耐久競輪の大立者といった連中もまた、ロマーニッシェス・カフェの客だった。ザムゾン＝ケルナーは一時期ブレヒトとも仲が良かったが、つぎのようなカフェへの愛情告白をしている。

▲ヴァルター・メーリングが出した出版業者グスタフ・キーペンホイヤー宛てのハガキ，1924年３月。メーリングはベルリンのカバレットのもっとも重要な作家のひとりであった。メーリングの叙情詩は1920年代の大都市のセンスにぴったり合っていた。彼はウンター・デン・リンデン街のカフェ・バウアーの常連客であった。

熱心な喫茶店《カフェ・ハウス》利用者は、実は莫大な金銭を節約していることになる！　しかも、ほかの場所であれば多額のお金を支払わなければならない新聞も、わずかのコーヒー代でタダで読むことができる。そして、ジャーナリストたちを相手にすることはいつも、すくなくともたいへん楽しいし、偶然に出会った仲間との会話よりも愉快なことがしばしばある。

カフェはたくさんのものを提供している、ということなのだ。カフェなしでやっていくことなどできはしないのだ。[19]

しかし、ある常連グループだけは、どうしてももうすこし詳細に考察しなければなるまい。というのは、ロマーニッシェス・カフェが一九二七年から二八年にかけての数か月間、ベルリンの表舞台に登場したのは、このグループのおかげだからである。つまりカバレットの連中である。

二〇年代にベルリンでは新しい種類のカバレットが生まれた。このカバレットはとりわけ、政治的‐攻撃的ならびに叙情的‐傲慢なシャンソン、つまり、典型的なベルリンのカバレット叙情詩として文学史に残るシャンソンによって特徴づけられる。ヴァルター・メーリング〔作家、ダダイスト、戦闘的ファシスト〕、クルト・トゥホルスキー〔五つの筆名をもつ作家。三五年にスウェーデンで自殺。『世界舞台』誌で平和主義的論陣を張った〕、それに本来はアルフレート・ヘンシュケという名で、船の精《クラバウターマン》と浮浪者《ヴァガブント》から組みあわせた仮名を一九一〇年に誇大妄想狂カフェ《カフェ・グレーセンヴァーン》でつけたクラブントのような詩人たちが、フリードリヒ・ホレンダー、ヴェルナー・リヒャルト・ハイマン〔作曲家。ウーファ社の音楽総監督などを歴任。『会議は踊る』のテーマ曲が有名。三三年に亡命〕のような作曲家、トゥルーデ・ヘスターベルク〔女優、カバレット芸人、オペレッタ歌手〕、ローザ・ヴァレッティ、パウル・グレーツ〔俳優、カバレット芸人。ピスカトール舞台、喜劇人カバレットなどで活躍。三三年アメリカに亡命〕、ブランディーネ・エービンガー〔シャンソン歌手。フリードリヒ・ホレンダーの妻〕のような演技者たちと協力して、二〇年代のベルリンの文学的・政治的カバレットの主流を形成していた。このカバレットは、一九一九年末にシフバウアーダム大劇場で第二の響きと煙舞台《シャル・ウント・ラウホ・ビューネ》としてはじまった。

当時はまだ、このカフェからわずか数分しか離れていないところにある、ウンター・デン・リンデン街のカフェ・バウアーが彼らの溜まり場としてよく使われた。このカフェの名は、エーリヒ・ケストナーが一九三〇年に詩「別れの手紙」を書いたことで不滅のものとなった。

▲クラブント。主として『ボルジア』や『ブラッケ』のような歴史小説で有名になったが，1928年夏に若くして死ぬまで，この『ハープ祭り』の作者はベルリン文学カバレットの中心グループのひとりであった。彼の顔は妻で女優のカローラ・ネーアとともに，ロマーニッシェス・カフェでいつもみることができた。1925年の写真。

二時間ものあいだ僕はカフェ・バウアーに座っている。
もし君にその気がないのなら、はっきりいってくれ。
そういわれても僕は気にしない。
恋人よ、君なんてくそくらえ。でもやっぱり好きなんだ。(50)

それから、女優のトゥルーデ・ヘスターベルクが一九二一年九月に西区劇場《テアター・デス・ヴェステンス》の地下酒場で騒乱舞台《ヴィルデ・ビューネ》をはじめたとき、カバレット芸人たちもロマーニッシェス・カフェに移った。『ハープ祭り』の著者クラブントは、妻である女優カローラ・ネーアと連れだってしばしばここに姿を見せていた。「音楽家席」ではホレンダーとハイマンが、ついいましがた思いついたメロディーの断片を会話の途中で書きとめていた。

一九二七年の終わりに、クーアフュルステンダム劇場で、フリードリヒ・ホレンダー〔カバレット、トーキー映画の作曲家〕とモーリッツ・ゼーラー〔ロマーニッシェス・カフェ最古参の常連。最後まで出世もせず、とぐろを巻いていた〕のカバレット・レヴュー『記念教会堂《ゲデヒトニスキルヒェ》をめぐって』が封切られた。ホレンダーとシュテファン・ヴァイントラウプの二台のピアノ伴奏で、まず俳優フーベルト・フォン・マイエリンク〔あくの強い脇役で成功した。特にプロイセン士官の役が有名。〕、ヴィリー・シェーファス〔俳優、カバレット芸人。『カデコー』や『ティンゲル・タンゲル』を監督〕、女優のアニ・メーヴェス、アネマリー・ハーゼ〔女優、レヴューで活躍〕がレヴューの最初のアリアを

▲フリードリヒ・ホレンダー。ベルリンでもっとも成功した流行歌・カバレット作曲家。妻でシャンソン歌手のブランディーネ・エービンガーと一緒にいる彼を，シュヴァンネッケやロマーニッシェス・カフェでだびたび見かけることができた。1930年，ホレンダーはトーキー映画『青い天使』のなかでマレーネ・ディートリヒのために作曲した歌で世界的に有名になった。1929年の写真。

▲ホレンダーのレヴュー『記念教会堂をめぐって』のアネマリー・ハーゼとヴィリー・シェーファス。1927年，クーアフュルステンダム劇場にて。このカバレット・レヴューの一場面はロマーニッシェス・カフェであった。

歌った。それは、当時記念教会堂のまわりに集まっていた「ご婦人たち」のことを歌ったものであり、そしてすでにロマーニッシェス・カフェ——ここでは「恐怖の部屋」と呼ばれている——を暗示する歌でもあった。

ここ記念教会堂のまわりでは
交通は公衆のために整理されている！
そこには公安警察が立ち、黙って記録する、
X氏がだれとクライスラーに乗って走っているかを。
ここ記念教会堂のまわりでは
とぼけたやつらが抜け目ないふりをして、
抜け目のないやつらがそらとぼけている。
記念教会堂の界隈の手練手管をのみこむには
長年の研鑽がまず必要。
　よそ者は一目みて
　優雅を極めた店「ミヒェル」に驚嘆する
　それから通りはカーブして

▲大劇場のカバレット「シャル・ウント・ラウホ」のために作曲したホレンダー・シャンソンの自筆原稿，1919年12月。リフレインの行はつぎのようになっている。「人間よ，人間たるべし！ 動物とは一線を画せよ！」

するともうタウエンツィーン通りというわけだ。
そこで彼は情とベッドを求めて
なかば少年のようにほっそりとした、なかばガチョウの脂のように肉のついた
なかばソプラノの、なかば金切り声でしゃべる
派手な化粧の女たちが歩いていくのを目にする。
パレー・アム・ツォー〔当時流行したダンスレストランの一つ〕はクーアフュルステンダムに生きる連中の最新流行
神経の強靭な者のためとあらば

向かい側の「ロマーニッシェ・恐怖の部屋」が用意されている
ここ記念教会堂のまわりでは
交通は公衆のために整理されている。

それにつづくレヴューの第一幕はロマーニッシェス・カフェの場であった。ヴィリー・シェーファスが、ホレンダーのシャンソンをうたいながら給仕として登場する。

僕は抜け作なんかじゃない、
ここ記念教会堂のまわりでは、
僕は事情通なのさ！
テーブルのひとつひとつがはかりしれない価値をもっている。
ひとりの紳士がすでに八杯もの水をおかわりした。
ここでは株が上下する。
ここでは機密情報がテーブルというテーブルを駆けめぐる。
コルトナー株上昇。
マサーリ株安定！

ネタを求む！近親相姦を買う奴はいないか？
相場が上がってまた下がる。
例の紳士がもう一杯水を飲んだ、
相場が下がりまた上がる――
その場の雰囲気のせいにちがいない……
そう――もしそれがなかったら、
それ――つまり雰囲気
記念教会堂のまわりの。
僕らのような人間は
およそ、そしておしなべて
現実の生活と世間についてなにを知っていようか！
僕は事情通なのさ……(51)

第五幕でブランディーネ・エービンガー、エレン・フランク、エレン・シュヴァンネッケ、ヘディ・ショープが驚くべき滑稽さで「ロマーニッシェス・カフェでの娘たちの歌声」を演じたとき、ロマーニッシェス・カフェはふたたび、嘲笑の種になった。

私たちは財布も持たずに愛らしく、ばかみたいに座っている
行きつけの喫茶店《カフェ・ハウス》で空になったグラスを前に
お昼きっかり一二時から
夜はきっかり一二時まで
文学の海のなかに浮かぶ安全地帯。
四方ぐるりと作家たち、ブレヒトからキッシュまで――
隣のテーブルで私たちをお話の主人公にしてくれる人たちもすくなくない。
たいしたお金にはならないけれど、
すばらしい名誉だわ。
結局は娼婦だって一度は輝き花開くのよ！
　二つの黒い目、
　グラスに二つの卵
　一滴の心臓の血
　ラム酒入りで！
　一杯のエーテル、

一巻のヴェルレーヌ――
文学的になろうよ
そして詩人たちについて行こうよ！(52)

かつて女優トゥルーデ・ヘスターベルクの騒乱舞台《ヴィルデ・ビューネ》があったのと同じ場所、西区劇場《テアター・デス・ヴェステンス》の地下に、作曲家ホレンダーは一九三一年一月、みずからのカバレット、大衆演芸場《ティンゲル・タンゲル》を開いた。最初の作品はまたしても、『シュテルン荘の幽霊』というタイトルのカバレット・レヴューであった。

その五年前にジャーナリストのカールエルンスト・ヴェルレが、ロマーニッシェス・カフェを詩に詠んでいる。

過熱した思考の場所、
精神に重くのしかかるランデヴーの場所、
神秘的な没頭のカフェ、
さまざまに色を変えるルル〔ヴェデキントの「ルル」二部作（『地霊』『パンドラの箱』）から転じて、妖婦・娼婦を意味〕たちのゆりかご！
大理石の上には六杯の水、
カバンのなかには原稿がある――

女の奴隷に女ぎらい、
まさか、いったいそんなものがあるのだろうか！
ああ、レンテンマルク〔二三年インフレ克服のために発行された銀行券〕の世界は
才能を正しく評価してくれないこともしばしばだ！
出版業者はいつも強く
そして天才という奴はめったに運にめぐまれない！
シュトレーゼマン〔ドイツ国民党の政治家。第一次世界大戦後、首相。死去するまで外相継続〕は幻影を抱いて進む
だけどかなり平凡な歩みさ、
そして破壊的なあざけりの表現に対しては
国立銀行は貸付をおこなわない！

もっとも愚かな時代の奥深くに
残念ながらわれらは追放されている。
君を家まで送っていってもいいかい？
ペスタロッチ街？ それともカント街まで？[53]

作家ゲオルク・ツィヴィーア〔ジャーナリスト、演劇批評家。三七年国家著作院から除名、のち強制労働〕が回想しているロマーニッシェス・カフェのある一日の描写を読む者には、この店の雰囲気がいまいちど生き生きと伝わるであろう。

「ロマーニッシェス・カフェ」の真昼時はいつもかなり静かなものだった。私は山ほどの新聞に加えて、給仕に「ヘメネクス」〔ハムエッグ〕をもってこさせた。イェーリングのテーブルに合図を送ると、彼が私のテーブルにちょっとやってきた。「泳がぬ者のプール」からテラスの「よそ者たち」を見やった。私は、ゲームをする者たちのギャラリーに上がっていこうとしているジーギスムン

▲当時はまだ無名の若手女優ルイーゼ・ウルリヒと彼女の話相手は，写真説明文に「チャンスを待つ若き無名俳優たち」と紹介された。1932年になって彼女はマックス・オフュルスの映画『リーベライ』で一躍人気を博した。『ミュンヒェン絵入り雑誌』（1929年）からの写真。

ト・フォン・ラデッキ〔作家、翻訳家。カール・クラウスの古い友人〕と挨拶を交わした。

午後も遅いカフェには、まる一日のうちでいちばん数多く、金持ちや有名人が集まってきた。ちょうど劇場支配人レーオポルト・イェスナー〔俳優、劇場支配人、演出家。三三年に亡命〕が小さな茶碗で飲み、新聞をひろい読みしているところだ。いまユルゲン・フェーリング〔ベルリン民衆舞台・ウィーン室内劇場などの演出家として活躍〕も現われ、「唯我独尊の若手のカフェ連中」との激論にまきこまれ、雑報欄に載るお楽しみのネタを提供することができた。というわけで、午後も遅くなるとロマーニッシェス・カフェは心地よい時間を過ごすことのできる場となった。興奮した声が、いまやオイル・サージン漬けのチェロのように響いた。

舞台やカバレットの俳優たちは職場やシュヴァンネッケに行く前に、六時ごろに一度は急ぎ足で「カフェ」に立ち寄った。エルンスト・ドイチュ〔性格俳優〕、ルードルフ・フォルスター〔オーストリアの俳優。ベルリン国立劇場などで活躍〕、ヴィリー・シェーファス〔カバレット芸人〕の顔をみることができた。どこで、どのように、だれがだれと話を交わしているのかを知ることは非常に重要であった。というのは、対話の大部分が時事的な話題とゴシップだったからである。

八時ごろには「ロマーニッシェス・カフェ」は空っぽになった。有名人たちは、さらに別の店へみこしを移していたからだ。夜のとばりが降りて主導権を握るのは、このカフェを常宿とする者たち、つまりチェスをやる連中や、人や明かりや、話し声や、つきることのない対話を求めて身を焦がす、まだ無名の連中だった[54]。

ヴィリー・コロ〔ヴァルターの息子。レヴュー、歌劇台本作成。映画曲やミュージカルも作曲〕のシャンソンにあるように、主に郷愁にかられて回顧する場合には、店の居心地の悪さ、いやそれどころか醜さはとっくに忘れ去られてしまう。そのシャンソンの最初の行は本書〔原著〕のタイトルにもなっている。

あのころロマーニッシェス・カフェで、
僕たちは何時間ものあいだ一杯の紅茶でねばっていた。
あのころは二人ともフトコロ具合が良くなかった、
僕たちは借金とクルト・ヴァイルとベルトルト・ブレヒトだけでかろうじて生きていた。

　大理石のテーブルで
プラハからきたエーゴン・エルヴィーン・キッシュが
あの「突撃レポーター」を書いていた――
カフェのなかをコルトナーが通り過ぎた。
ホモルカは上でチェスをし
あのモスハイムは眠るまいと絶望的な努力をつづけていた。

フリーデルはアントン・クーのところに座り
トゥホルスキーがそこに加わった。
太古の時代の
伝説のようだ
あのころのロマーニッシェス・カフェは！(55)

ロマーニッシェス・カフェはきっと、このような牧歌的な世界ではなかったのだろう。ロマーニッシェス・カフェを訪れたことのある人ならまったく異なる評価をすることだろう。もしかしたら、肯定と否定の双方の側面から判断しようとするゲオルク・ツィヴィーアの評価は、核心をついているのかもしれない。

かつてのすくなからぬ「ロマーニッシェス・カフェの常連たち」からは、今日でもなお、大げさなカフェのうわさ話でむだに費やされた多くの時間、日々、年月にたいする腹立たしい思いを読みとることができる。もうもうたる空気と興奮が充満したこのカフェは、麻痺させるように心にのしかかった。また、カフェには絶えず歌われる歌の一節のように人の心を落ち着かせるという効果があった。

とはいえ、すくなからぬ「ロマーニッシェス・カフェの常連たち」がそのエネルギーを蓄えたのも、まさにこの麻痺させるような、無頓着な世界であったのだ。[56]

第3章

俳優・映画スターたちの一大社交場

――レストラン・シュヴァンネッケとメンツ女将《おかみ》

▲カウンターに立つ芸術家酒場の女主人エンネ・メンツ。

二〇年代ベルリンの演劇、オペラ、オペレッタそしてカバレットの綺羅星たちの名を、とにかくおおよそでもいいから網羅して書きとめようとすると、たいへんな困難が生じてくる。毎晩のようにジャンダルメンマルクトの国立劇場とクロルオーパー〔第二国立オペラ劇場〕、ドイツ座とアドミラルパラスト、シフバウアーダム劇場と「喜劇人カバレット《カバレット・デア・コーミカー》」、市立シャルロッテンブルク・オペラ劇場とケーニヒグラーツ街の劇場で舞台に立っていたメンバーはあまりにも豪華すぎて、一堂に集めることなどできそうもないからだ。

あらゆる分野に輝くばかりの人材が配されていた。輝かしい、そして聴衆に神格化されていたテノール歌手であれ（ミヒャエル・ボーネン〔テノール歌手、舞台俳優〕やリチャード・タウバー〔イギリスのテノール歌手。レハールのオペレッタで有名〕）、性格俳優であれ（エーミール・ヤニングス〔当時、一流の映画・舞台俳優。一時ハリウッドへ〕、アルベルト・バッサーマン〔俳優。ドイツ座などで活躍。三三年に亡命〕）、若者たちの英雄《アイドル》であれ（ロータール・ミューテル〔俳優。ミュンヒェン、ベルリンで活躍。三一年からは演出も〕、ヴィル・クヴァートフリーク〔俳優。とくに『ファウスト』で人気があった〕）、性格喜劇俳優であれ（マックス・パレンベルク〔オーストリアの俳優。一四年以来ベルリンで活躍。モリエール劇で有名〕、マックス・ギュルストルフ〔ドイツ劇場などでラインハルト演出のもと活躍〕）、オペレッタのプリマドンナであれ（ギッタ・アルパー〔歌手。ラインハルト演出の『こうもり』などに出演〕、フリッツィ・マサーリ〔女優。二〇年代ベルリンのスター歌手〕）、道楽者であれ（ルードルフ・フォルスター〔オーストリアの俳優。ベルリン国立劇場などで活躍〕、グスタフ・グリュントゲンス〔俳優、演出家。メフィスト役で有名。ナチ時代に国立劇場支配人〕）——とにかく人材にはこと欠かなかった。そしてベルリン演劇界は俳優と同じく、その偉大な演出家（マックス・ラインハルト〔ドイツ近代演劇の革新者として巨大な足跡を残した。二〇年代を代表するひとり〕、レーオポルト・イェスナー〔俳優、劇場支配人、演出家。三三年に亡命〕、演出家のユルゲン・フェーリング〔民衆舞台などで活躍〕、エルヴィーン・ピスカトール〔演出家。画期的な演出で知られ「ピスカトール舞台」を設立〕）

▲カール・ツックマイヤー（中央）とエーミール・ヤニングス（右）。映画会社ウーファの製作部長の事務室にて。左はエーリヒ・ポマー。1929年の写真。

によってもまた活気を与えられていた。

ヘルベルト・イェーリング〔演劇批評家。『ベルリーナー・ベルゼン・クリール』誌で主に活躍〕が一九三一年に書いたように、「われわれの演劇の時代を偉大な劇芸術家たちの時代と呼んでも不当ではないだろう。汲めども尽きせぬあふれんばかりの才能が舞台上に注がれた。どの舞台ジャンルにも、どの分野にも、ほとんど見当もつかないほど多数の輝く才能と配役が存在していた[57]」

急激に発展しつつあったメディアである映画もまた、舞台俳優たちの人気を高めるのに力を貸していた。というのも、舞台俳優で映画スタジオのために働いていていない者などほとんどいなかったからだ。

俳優たちがしょっちゅう出入りしていた酒場《ロカール》のうち、二軒の店がとりわけ特別な名声を獲得していた。ランケ街にあるワイン・レストラン、シュヴァンネッケと、アウクスブルク街とヨアヒムスタール街の角にあったエンネ・メンツの酒場《ロカール》「デスティーレ」である。

一九二一年のはじめごろ、俳優兼演出家のヴィクトーア・シュヴァンネッケは、マックス・ラインハルトの仕事をやめ、レストランを開業することに決心した。彼はロマーニッシェス・カフェからわずか数分のランケ街に、お誂《あつら》え向きの場所を借りて、ワイン専門酒房《シュトゥーベ》「シュテファニー」を開いた。酒房の名は妻から拝借したものだ。わずか数か月ののち、彼の酒房は演劇人と文士のお気に入りの溜まり場となり、まもなく単に「シュヴァンネッケ」とだけ呼ばれるようになる。この店ではすばらしい食事ができ、極上のワインをリストから選べ、とりわけ愉快このうえない雰囲気のなかで談笑することができた。この店は安くはなかった。だから、若く貧しい芸術家でここに出入りしたいと望むものは、もちろん、たっぷりと中身の詰まった財布をもつパトロンに招待してもらわなければならなかった。

スウィング・ドアを通ると、まずは小さな玄関ホールに足を踏み入れることになる。そこには給仕長のジョニーが、つまり「シュヴァンネッケ」の守護神が客を迎え、テーブルやあるいはおよそ一五ほどはある居心地よいボックス席に案内してくれる。すると、シュヴァンネッケ自身からいつも「私の脚本家」と呼ばれていた支配人が、食事の注文やワインの選択のさいに手助けをしてくれる。この店は午後遅くなってからでないと開店しなかったが、そのかわりに閉店するのも朝方になってからだった。店がいちばん混むのはたいてい芝居がはねてからの時間帯で、それも役者と観客がここに集まってくる──

時すぎだった。

ヴィクトーア・シュヴァンネッケは古い演劇一家の出で、娘エレンもまた女優でカバレット芸人だった。彼女はラインハルトのドイツ座にも、カバレットの作曲家ホレンダーの有名な大衆演芸場《ティンゲル・タンゲル》にも出演していた。シュヴァンネッケ自身は一九一八年にミュンヒェンで、短期間ではあるが宮廷劇場監督をつとめたことがあった。その後一九二〇年からは、以前一九一六年から一七年にかけて雇用契約を結んだことがあるベルリンのドイツ座にふたたび帰ってきていた。一九二〇年、ラインハルトの演出でシュヴァンネッケはアリストファネスの『リュシストラータ』を演じ、同年、彼の名前はゴーゴリの『賭博者』（ラインハルト演出）の配役表に載っていた。とはいえ、彼のもらったのはすべて端役ばかりだった。そしてきっとこのことが、「分野《ジャンル》」を変えさせる決心を彼に促す原因になったのだろう。

もちろんのことシュヴァンネッケは、おおかたの俳優たちと知りあいだった。だから彼が店をはじめたといううわさはあっという間に広まり、この飲食店《ロカール》は急速に知られていった。しばらくすると、ロマーニッシェス・カフェ（コーヒー、打合わせ、臨時の会合）とシュヴァンネッケ（夕食、夜の集まり）とのあいだの「循環」が多くの芸術家たちの習慣となった。ヴィクトーア・シュヴァンネッケは、当然の権利としてその新しい名声を味わった。

たとえばこんなことがあった。二〇年代中ごろのとある夕べ、シュヴァンネッケは、ミュンヒェンの室内劇場の監督で彼の古い仲間のオットー・ファルケンベルク〔カバレットなどの創設に尽力。批評家、劇作家〕と一緒に、芝居を見たあとタクシーに乗った。そこで彼は運転手に、自分たちをすばらしい食事ができて、著名な芸術家をたくさん見ることのできる飲食店に案内してくれるよう頼んだ。彼は本当にそう頼んだだけだったが、即座に走りだした車は彼らをランケ街に、つまり彼の店「シュヴァンネッケ」に連れていったのである[58]。

この店にかまけて、ヴィクトーア・シュヴァンネッケは劇場のことを忘れてしまったわけではなかった。幾晩もおこなわれた常連客との話は、自分はいつか舞台に戻りたいというところにあいかわらず落ち着いた。病気になったり不自由な体になった仲間の役を引き受けるために俳優として、あるいはそれ

Deutsches Theater
Direktion: Felix Hollaender
Anfang 7 Uhr
Dienstag, den 18. Sept. 1923
Ende nach 10 Uhr
Sonntag, 23. September 2½ Alt-Heidelberg
Zum ersten Male:
Pygmalion

▲バーナード・ショウ『ピグマリオン』の1923年９月18日のドイツ初演を告げるプログラムのビラ。マックス・ラインハルトのドイツ座にて。監督はヴィクトーア・シュヴァンネーケ（有名な芸術家レストランの所有者になった，この俳優兼監督の氏名の書き方はたいてい「シュヴァンネッケ」であったが，ここでは「シュヴァンネーケ」）。

どころか演出家として。このようなしだいでシュヴァンネッケは、友人でバーナード・ショウの翻訳者であったジークフリート・トレービチュ〔ウィーン生まれの詩人、作家。シュニッツラーの弟子〕の世話により、一九二三年九月、ドイツ座でショウの『ピグマリオン』のドイツ初演を演出することになる。ケーテ・ドルシュ〔歌手、俳優。舞台、映画で活躍〕がイライザ・ドゥーリトルを、ヴェルナー・クラウス〔俳優。ラインハルトの演出のもとドイツ座で活躍。四九年に西ドイツの称号「宮廷俳優」を得る〕がヒギンズ教授を演じた。初演のあとのお祝いがシュヴァンネッケで催されたことはいうまでもないだろう。

約五〇というほとんど想像もできないような数の劇場がベルリンで営業していたことを考えると、初演の夜の催しというのはすくなからずあったわけだが、それはシュヴァンネッケでは特別なクライマックスを意味していた。この催しに参加した芸術家たちはみなたいてい、ボックス席や奥の間にしつらえられた大きなテーブルに座り、そのあいだに店のレストランのほうでは「専門家たち《エキスパート》」が顔を見せはじめていた。文化ジャーナリストのオイゲン・ソトマーリが、シュヴァンネッケでのこのような一夜の雰囲気を伝えている。

「だがベルリンでなにかの劇の初演があったときなど、『シュヴァンネッケ』はまったく別の様相を呈するのだ。真夜中になると劇場通いに精を出している連中が姿を現わす。育ちのよい批評家にふさわしいようにと、タキシードの着用におよんでいる。というのも、糊でピンとなったワイシャツの胸が、まったこういった意識を強めてくれるからなのだ。連中はこのように御婦人方同伴でやってきて、テーブルにつき、オーブンで焼いた《オ・フール》子牛肉のステーキなどを注文し、そして、審理が開始されるのである。

『シュヴァンネッケ』は法廷と化す。ベルリンの舞台を裁く秘密裁判《フェーメ》の幕が切って落とされるのだ。そして訴訟手続きも検事もなく、弁護士も最終弁論もなく、同情に値する被告が欠席していることもしばしば、といった状況で判決が下されるのである。その被告は翌日になってようやく、舞台に出てきてライトを浴びるような真似などしなければよかった、ということを思い知らされるのである[59]」

批評家たちの書いた批評記事が朝刊に載るためには、午前零時までに原稿が編集部に提出されていなくてはならない。すでに午前三時をまわると、ベルリンの長距離鉄道駅では、ある劇が賞賛を得たのかあるいは酷評されたのかをいちばん先に知ることができた。これらの駅では、いくつかの地方にまたがって発行されている新聞の地方版の積み込みがおこなわれているからである。しかし、こんなことまでして批評を読もうとするのは、とくに問題となった上演の場合だけであった。たいていは「シュヴァンネッケ」で夜を明かし、朝の六時ごろ現われる最初の新聞の売り子を待つ。それから新聞がとことん読まれ、たっぷりと朝食をとり、朝の八時ごろになって客の大群はみな、なんとか二、三時間は眠るために帰宅するのである。こういった体験は、しばしば劇作家カール・ツックマイヤーもしていたようだ。

「ベルリンに住む者は、とくにベルリンの演劇界で暮らす者は、私の頭にまっさきに浮かぶのがなぜ朝食なのか、その理由《わけ》を知っている。つまり芝居の初演が終わり、夜を徹して騒ぎ、酔っぱらったあとにくる、あの透明感のある、かすかな輝きをみせる早朝のせいなのだ。それはまるで、演劇人クラブのような『シュヴァンネッケ』のジョニーが店の鎧《よろい》戸を引きあげ、窓が真珠色に曇っていき、その後ろでは薄明の時間が活動をはじめる様子が紫煙の雲を通して見えるとき……あるいは朝、夜のアヴァンチュールの陶酔をまだ半分ひきずりながら、混みあった市電に乗ってリハーサルに行こうとし、立ったままですこしばかりの睡眠をとり戻そうとしているときの気分なのである」[60]

もっとひどいことになることもあった。ドイツ映画史上もっとも楽しい犯罪コメディー『シャーロック・ホームズだった男』の作者である脚本家ローベルト・A・シュテンムレ〔脚本、演出、映画監督をこなす。作家でもある〕の思い出によれば、彼はある夜の午前二時に、ポツダム駅の待合室で喜劇俳優のヨーゼフ・ジーバーと出くわしたことがあるという。ジーバーはちょうど、その隣に座っている紳士の髪を梳かしていたところだった。明らかに、両人はネクタイを交換したらしかった。ジーバーはグレーの背広に黒い蝶ネクタイを、隣の紳士といえば、タキシードを着て赤と白のストライプのネクタイをしていた。

ジーバー「君にヴィリーを紹介させてくれんか。わしらはシュヴァンネッケで初演を祝っとったんだ。大成功だった！」

シュテンムレ「ほんとにおめでとう。で、初演のお祝いは昨晩だったの？」

ジーバー答えて「なにいってるんだ。おとといだよ！」[61]

▲マクベスに扮したフリッツ・コルトナー。ジャンダルメンマルクトの国立劇場。監督のレーオポルト・イェスナーは1919年から22年のあいだ，コルトナーを主役にして，古典劇テクストへの新しい視点を呼び起こす「時事演劇」を演出した。リハーサルと夜の公演のあいだに，コルトナーはしばしばロマーニッシェス・カフェの客となった。上演のあと，彼は1925年から定期的に「シュヴァンネッケ」で席を温めていた。1922年の写真。

▲リチャード３世に扮するフリッツ・コルトナー。ジャンダルメンマルクトの国立劇場での上演にもとづいたエーミール・オルリークのスケッチ，1920年。

シュヴァンネッケの常連でもっとも有名な人物に、大物俳優のフリッツ・コルトナーとヴェルナー・クラウスがいた。

コルトナーはすでに一度、一九一一年から一三年にかけてドイツ座で若手の俳優として活動していたが、ベルリンで急速に名声を勝ちえたのは、国立劇場監督のレーオポルト・イェスナーの新しい演出構想に負うところが大きかった。一九一九年以降イェスナーは、激しい論争を巻き起こした、新たな表現法を模索する彼のシェイクスピアおよびシラー演出のなかで、コルトナーに『ヴィルヘルム・テル』のゲスナー代官や、『ハムレット』『リチャード三世』の主役といった大役を割り振っていた。その後コルトナーは、同時代の若手作家（ブロンネン、ブレヒト、ゲーリング〔医者、劇作家。表現主義の代表者のひとり〕）らの作品の多数の舞台上演やサイレント映画において、ひっぱりだこの性格俳優となった。コルトナーが主役を演じたトーキー映画『ドレフュス』（一九三〇年）と『カラマーゾフの兄弟』（一九三一年）で、映画界における彼の名声はさらに高まった。一九二八年、クルト・ピントゥスはこの俳優について書いている。

「伝統をまとめあげ、高め、洗練する良き俳優たちがいる。伝統を引き継ぎ、その末端に連なり、それを終結させ、その頂点に立つ俳優がいる。そして伝統の祖となり、創始者となり、礎石となる良き俳優がいる。この後者のより重要な俳優たちのなかに、ほんの少数のものとならんで、コルトナーがいるのである[62]」

コルトナーは俳優仲間のヴェルナー・クラウスとともに、しばしばシュヴァンネッケの椅子を温めていた。クラウスは一九一三年以来、ドイツ座で演じており、表現主義的サイレント映画(『カリガリ博士』一九二〇年、『裏街の怪老窟』一九二四年)、室内劇映画(『破片』一九二一年)などのいくつかの傑作によって広くその名が知られていた。舞台や映画での多くの大役をこなすことで、クラウスは繰り返し自分が性格描写、仮面、変身の巨匠であることを証明したのであった。

このうえなく機知に富んだ座談の名手として、ヴェルナー・クラウスはいつでも警句や人をびっくりさせるような言葉を用意していた。あるときクラウスは、俳優の人物描写を集めた本のために伝記風の小さな記事を書くよう頼まれた。彼はかつて地方の劇場で働いていたとき、成功した作家たちのサイン入りの本を慈善の催しのために調達するという仕事を引き受けたことがあるのだが、そのときの思い出を認《したた》めて、その依頼を断った。

こうして私はすべての生存している作家たちに手紙を書き、彼らの著作のひとつにサインをし

▲ヴェルナー・クラウス。1921年にループー・ピックが監督し，ドイツ室内劇映画の最初の黄金期のひとつを築くことになったサイレント映画『破片』で主役を演じた。ヴェルナー・クラウスはその友人エーミール・ヤニングスとともにエンネ・メンツの常連であった。

て、われわれの催しに寄付してくれるよう頼みました。数ある作家のなかで、私はパウル・ハイゼ〔作家、評論家、劇作家。ドイツで最初のノーベル文学賞受賞者〕にも手紙を書きました。数日後、ハイゼからの返事を受けとりました。一枚のボロボロの紙片が封をしていない封筒のなかに入っており、その紙片につぎのような四行の言葉が書かれてありました。

むかし喜劇が生まれたとき
死んだライオンであるよりは
生きた犬でいたいという
望みをまだ　人びとはもっていなかった[63]

地方から出てきた若い俳優が、あるときうまい具合にシュヴァンネッケのクラウスのテーブル仲間に加わることができた。彼はチャンスをすばやくとらえて、会話の主導権を握り、つぎのように語りはじめた。「舞台に立っているときは、まわりのことはすべて忘れてしまうんです。自分の声だけが遠くから鳴り響く鐘の音のように聞こえてくるだけなんです。自分が浮かびあがって、別世界へと昇っていくような気がするんです。おわかりになりますか？ 私のまわりのすべてが消える、観客席が消える、観客が消える……」この言葉を引きとってクラウスはそっけなくいった。「わかりますとも、そうだろうっ

てことは本当によくわかりますよ！」(64)

繊細で折れそうなくらいほっそりとしていた女優エリーザベト・ベルクナー〔三三年にロンドンに亡命〕も、シュヴァンネッケに顔を出していた。彼女はベルリンの観客の特別のお気に入りで、レッシング劇場のヴィクトーア・バルノフスキー〔劇場監督、演出家〕のところとラインハルトのドイツ座で交互に演じていた。彼女を有名にしたのは、一九二四年のストリンドベリの『令嬢ジュリー』およびサイレント映画『ニュウ』であった。これにひきつづいてラインハルト演出のショウ作『聖女ジョーン』（一九二五年）からトーキー映画『夢見る唇』（一九三二年）にいたるまで、ベルクナーは毎年新しい重要な役を振られていた。

俳優エルンスト・ドイチュ〔とくにイェスナー、ラインハルトのもとで活躍〕と女優ケーテ・ドルシュが、シュヴァンネッケに出入りしていた。大物演出家のマックス・ラインハルトもまた、しばしば妻で女優のヘレーネ・ティイミヒ〔主に悲劇役で有名〕とともにその姿を見せていた。二人の著名なメッキー・メッサー〔『三文オペラ』の主人公〕俳優であるハラルト・パウルゼン（一九二八から二九年にかけてシフバウアーダム劇場で公演）とルードルフ・フォルスター（一九三一年、G・W・パープストの映画に出演）は、シュヴァンネッケの常連客だった。そして、ほかの多くの有名な俳優や歌手たちがシュヴァンネッケに出入りしていたのである。

文学界からの客もいた。シュヴァンネッケに夜の常連席をもっていたエーゴン・エルヴィーン・キッシュ以外にも、カール・ツックマイアーやアルノルト・ブロンネン、レーオンハルト・フランク、そしてフェルディナント・ブルックナーらが、友人や知人たちと歓談していた。若き劇作家であったエーデ

▲週間ニュース映画のカメラの前に立つマックス・ラインハルト。レーオポルト・イェスナー，エルヴィーン・ピスカトール，そしてラインハルトは1920年代ベルリンでもっとも重きをなしていた劇場監督の三巨頭であった。彼は晩になるとしばしばドイツ座から車を飛ばして，ヴィクトーア・シュヴァンネッケの夜の集まりに顔を出した。1930年の写真。

ン・フォン・ホルヴァートもまた、しばしば顔を見せては、自分の作品や計画についてヴィクトーア・シュヴァンネッケと話しあっていた。ツークシュピッツェ鉄道の建設に刺激を受け、ホルヴァートは一九二六年に『標点三〇一八の反乱』を書いたが、ハンブルクでの初演は不評を買った。ホルヴァートはこの作品に手を入れ、その新しい原稿がいたくシュヴァンネッケの気に入り、シュヴァンネッケはこの作品のベルリン上演に力を貸すことになる。結局、カールハインツ・マルティーン〔舞台監督、劇場支配人。ベルリンの諸劇場の舞台監督を歴任〕やビュロウ広場の劇場「民衆舞台《フォルクスビューネ》」にたいするシュヴァンネッケのコネがものをいって、『登山鉄道』と改題されたこの作品の初演をシュヴァンネッケ自身が演出することになった。一九二九年一月四日の初演は、エーデン・フォン・ホルヴァートにとってはじめての成功となる。

二年後、シフバウアーダム劇場の支配人エルンスト・ヨーゼフ・アウフリヒト〔俳優でもある〕が自分のところにふさわしい作品を探していたとき、ホルヴァートに出くわすことになったのもシュヴァンネッケでのことだった。アウフリヒトはつぎのような思い出を語っている。

深夜営業のレストラン、細長い形のシュヴァンネッケのとあるテーブルに、美しい褐色の眼をした、背が高く太り気味だが少年のような男が座っていた。彼は私が通り過ぎるたびにこちらのほうをじっと見つめるのだった。タイプライターで書いた紙束を巻いたものを手に持っていた。私は立ちどまった。

▲エーデン・フォン・ホルヴァート。ハンガリー出身のこの詩人は1924年にベルリンへとやってきた。それにつづく何年かのあいだに，彼のもっとも重要な劇作品の初演がおこなわれた。ホルヴァートが夜にしばしば姿を現わした「シュヴァンネッケ」のオーナー，ヴィクトーア・シュヴァンネッケが，1929年ベルリンの「民衆舞台」で彼の作品『登山鉄道』の初演を演出した。1930年の写真。

「なにか御用ですかな」

「ええ！ 作品を書いたんです。『イタリアの夜』という題です！ 時事的で政治的な喜劇なんです。お気に召すかもしれませんよ」

その巻いた紙を受けとると、彼の名前をメモした。エーデン・フォン・ホルヴァート。それから電話番号も。私は夜に作品を読みはじめ、そして終わりまで一気に読み通した。翌朝、彼に私の劇場まで来てくれるよう頼み、彼の喜劇をただちに舞台にかけるという契約を交わしたのだった。(65)

本来は一度かぎりのマチネー興行として計画された一九三一年三月二〇日の初演は思わぬ大成功をおさめ、そのためひきつづいてシフバウアーダム劇場の数週間連続の夜興行に組み入れられることになった。

俳優、演出家そして作家と同じく、カバレット芸人たちも「シュヴァンネッケ」を訪れた。このレストランが店を開いたすぐあとに、トゥルーデ・ヘスターベルクはここで一九二一年にカバレット、騒乱舞台《ヴィルデ・ビューネ》の「設立メンバー」を招集していた。「こうして、われわれはシュヴァンネッケの会議用テーブルで協議をはじめた。モーリッツ・ゼーラー（ロマーニッシェス・カフェの最古参の常連。「青年舞台（ユンゲ・ビューネ）」の創設者）、レーオ・ヘラー（カバレット作家、ジャーナリスト。『ユーバーブレットル』の台本などを書く）、ハンス・ヤノーヴィッツ（小説家、脚本家。映画『カリガリ博士』の脚本を書いた。三九年にアメリカに亡命）、そして最初のプログラムではまだフリーの協力者だった作曲家ヴェルナー・リヒャルト・ハイマン（シネ・オペレッタ『会議は踊る』の主題歌「ただ一度の」で有名）

というメンバーだった。それからリハーサルがはじまった。リハーサルは夜遅くまでつづいた。それが終わると、ほとんどの者がまたしてもシュヴァンネッケへと急いだのだった」[66]。フリードリヒ・ホレンダーも、その初演の祝いをランケ街でおこなった。のちに彼は、こういった晩のことをつぎのように書いている。

「初演は、当時いわれたように、まったく『ものすごく素晴らしい』ものとなった（『ベルクナー的だ』というのも好まれた形容詞だった）。シュヴァンネッケ、すなわちわれらが人生の伴侶たる芸術家レストランで、慣例に従い、早朝になるまで早刷りの批評が出るのを待っていた」[67]

俳優や同業の愉快な仲間に囲まれていた招待者のカバレット芸人ヴィリー・シェーファスは、かつて若手のひとりにこうたずねられたことがあった。「あなたのおもてなしは素晴らしいですね、シェーファスさん。どうしてあなたと一緒にわれわれを舞台に上げてくれないんですか？」シェーファスはいつものように愛想よく、友情をこめてつぎのように答えた。「君たちをみんな僕の舞台にあげたりしたら、やがて君たちをもてなすことなんかできなくなってしまうからね[68]」

魅きあいながらも反発しあうという表現がどんなに的を射たものであるかは、ベルリンで二番目に人気のあった「演劇酒場《テアター・ロカール》」をみればはっきりとわかる。常連客からは愛情こめて「メンツ女将《おかみ》」あるいは「メンツェン」と呼ばれていた、エンネ・メンツのビール酒房がそれである。ここにはフラシ天の絨

▲「アイスクリーム」。ジョルジュ・グロスの素描。1930年にマリク社から出版されたシリーズ『支配階級の新たなる顔』より。当時はこうした成金たちもシュヴァンネッケに通っていた。

毯もダマスク織りのテーブルクロスもなかった。ぴかぴかに磨きこまれた木のテーブルで、客はいつものビールとシュナップスを飲んでいた。アウクスブルク街のこの酒場《ロカール》はロマーニッシェス・カフェとほぼ同時期に、つまり一九一八年からは芸術家たちの溜まり場へと栄進した。クルト・ピントゥスは最初から常連客のひとりであったが、彼は伝説的な給仕であるアーダルベルト・ドゥフナー、通称「パパ・ドゥフ」のいるこの酒場の雰囲気をつぎのように伝えている。

当時何人かの俳優、監督そして作家たちが、闇営業の酒場《ロカール》の喧騒に嫌気がさして、アウクスブル

▲クルト・ピントゥス。1919年，今日にいたるまで表現主義詩のもっとも代表的なアンソロジーとされている『人類の薄明』の編者として著名となった。ジャーナリストとして，彼はいくつものベルリンの新聞に劇評や文芸記事を書いた。われわれがエンネ・メンツの店の雰囲気を真に迫って伝えられるのも彼のおかげである。彼はそこの忠実な常連であった。1921年の写真。

ク街とヨアヒムスタール街の角にあるエンネ・メンツ夫人の小さな（御者などの出入りする）居酒屋に、一種の常連席とでもいうべきものをおいた。この常連席は本来四人掛けのテーブルなのだが、そこに一ダースもの芸術家たちが座ることもしばしばだった。一方の御者たちといえばカウンターで酒を一気にあおっているか、奥の部屋でビリヤードを一勝負しているかのどちらかだった。

この常連席の給仕をしていたのがパパ・ドゥフ、ちょこちょこ歩きをするだぶだぶズボンの小男であった。ほとんど地面にとどきそうなフロック・コートに、その体をつつんでいた。その声たるや、灰色の口髭とずり落ちたニッケル製眼鏡の下のほうから発せられるのだが、これがまたほとんど聞きとれないほどの小声だった。

そこに腰を下ろしていたわれわれとは、ルービッチュ〔もともとはラインハルト門下の俳優。三六年以降映画監督。ドイツ映画を国際的水準にひきあげた〕、ヤニングス、ファイト〔ラインハルト門下の俳優として出発。『カリガリ博士』『会議は踊る』などで映画俳優として活躍。三八年にイギリスに帰化〕、シュテファン・グロスマン〔作家、ジャーナリスト。『日記』誌の編集長〕、出版人のローヴォルト、ティートケ〔カバレットのスター芸人〕、多くの筆名で有名なヤーコプ・フレンケル〔作家、批評家〕である。この人数はだんだんとふくれあがっていった。ヴェルナー・クラウスにクレップファー〔俳優、劇場支配人。三三年にライヒ映画会議所会員〕、オルリーク〔ベルリンの代表的肖像画家〕、フリッツィ・マサーリ〔レヴューのスター歌手、女優〕、パレンベルク〔カバレットのスター芸人〕、モーザー〔民衆劇などを得意とする俳優〕、カリガリ映画の製作者ヴィーネ、ヤノーヴィッツ〔脚本家〕らが加わった。そのためビリヤードの台は奥の部屋から撤去され、テーブルが並べられた。そして毎夜、騒々しいことになった……。

▲『シェレンベルク兄弟』で二役を演じるコンラート・ファイト。カール・グルーネが1926年にこのサイレント映画を監督した。ファイトもまた有名な俳優のエーミール・ヤニングスと同様，エンネ・メンツの酒場の俳優常連席に連なっていた。

だれもがパパ・ドゥフに給仕してもらいたがった。それはパンと石炭の配給券のあの陰鬱な時代であり、どの飲食店《ロカール》も一一時になると閉めなければならなかった。しかし、エンネ・メンツが――彼女はマリア・テレジアと呼ばれていたが、それは一八世紀の絵に見られるかの女帝のごとく、堂々たる体のふくらみやら高々と結いあげられたブロンドの髪のせいであった――自分の店を閉めても、それは表向きのことであった。つまり電気の明かりは消したということだ。そしてわれわれはブラインドを下ろし、ロウソクの薄明かりの下でもうもうと立ちこめた空気のなかに座っていたのだ。

「ドゥフ、フレンケルさんはいったいどこにいったんだい？」「あの方は今晩、お芝居でございますです！」ドゥフが言いたいのは、作家のフレンケルは今日、批評を書くために劇場にいるということなのだ。「ルービッチュさま、ハムはもう一枚もおりませんです！」こういった厳密で抜けめない調子で、ドゥフはありとあらゆる事柄についての情報を与えてくれたのである。

エンネ・メンツの酒場《ロカール》に腰を据えていた有名人は、当時はまだ全然有名などではなかった。そもそも、「有名人」なる言葉がまだ発明されていなかった。だが、唯一本当の有名人はパパ・ドゥフだった。

パパ・ドゥフを名誉市民に叙する旨が記された証書もまた、店に掛けられていた。もっとも、よくみるとその証書はラッカーの塗られた脱腸帯〔ヘルニアを治療するために締めつけるバンド〕で、みごとな唐草模様で文面が囲まれていた。その唐草模様は同じ言葉の繰り返しからできていた。その言葉は「汝、年老いたる阿呆よ」というものだった。

ドゥフの八〇歳の誕生日は、彼の人生で最大の出来事となった。いつも善良で、いつもツケを認めてくれたエンネ・メンツの酒場《ロカール》でもっとも祝祭的なものとなったのだ。その晩、店のブラインドははやばやと引き下ろされた。常連客はみな顔をそろえていた。御婦人一人ひとりにドゥフはスミレの花束をプレゼントした。フリッツィ・マサーリが祝辞を述べた。そして最後に、エーベルト大統領がお祝いの言葉を述べにやってきた。つまりメーキャップがまことに真に迫っていたので、ドゥフは死ぬまでエーベルト自身がそこに来ていたものと信じこんでいたというわけだった。(69)

残念ながらピントゥスは、いったいだれがエーベルトを「演じ」たのかについては教えてくれていない。だが多くの点からみて、この役を引き受けたのはフリッツィ・マサーリの夫、売れっ子芸人のマックス・パレンベルクだったのだろう。

ドゥフナーは一九三〇年代のはじめ、最終的に給仕の制服を脱いだのだが、そのあとしばらくしてからも、毎晩のように彼の姿はクーアフュルステンダム街とタウエンツィーン街の角で見ることができた。

「ついこのあいだまで、クーアフュルステンダムを通りがかったベルリン子たちは、地の精のようにおいぼれた新聞の売り子のことをいぶかしく思ったものだった。この売り子のマントはあまりにも重たそうだったし、そのクリマー帽はあまりにも高々としすぎているようだった。彼は『八時夕刊』と叫ぶのだが、その『八時』と叫ぶ声は『時』のところでおかしな裏声に変わってしまうのだった。その甲高い、めんどりのような声によって、たくさんの客を引きよせていた。ヤニングスやティートケが彼のところに立ち寄ると、『今晩は、パパ・ドゥフ』といい、新聞を一部購入するのだ。たとえ彼らのポケットには、すでにその新聞が差しこんであったとしても」[70]

　映画によって大きな人気を博するようになった二人の俳優は、エンネ・メンツのところに通っていた常連のなかでもっとも有名な人物に数え入れられるだろう。エーミール・ヤニングスとコンラート・ファイトである。

　ヤニングスはきわめて早いうちに、演劇から映画へと「寝返って」いた。すでに一九一六年、ヤニングスはエルンスト・ルービッチュの映画『ヴェンデッタ』で演じている。この初期ドイツ・サイレント映画の重要な監督（『パッション』一九一九年、『デセプション』一九二〇年）のもとでさらに活動をつづけ、そのあとではとりわけフリードリヒ・ヴィルヘルム・ムルナウ〔映画監督。『最後の人』はサイレント映画の古典と評される。カリフォルニアで客死〕（『最後の人』一九二四年、『タルチュフ』一九二五年、『ファウスト』一九二六年）のもとで演じた結果、ヤニングスはドイツをはるかに越えてその名が知られるようになり、一九二七年にはハリウッドに来ないかという誘いを受けてアメリカに渡ることになる。ただハリウッドでは、彼の希望どおりの大役は与えられなかった。一九二九年にベルリンに帰ってきたヤニングスは、すぐさま最初に出演したトーキー映画によって、すなわち、ハインリヒ・マン〔小説家。トーマス・マンの兄。三三年に亡命〕の小説を映画化した、ジョセフ・フォン・スタンバーグ〔オーストリア生まれのアメリカの映画監督。マレーネ・ディートリヒの発見者〕監督による『嘆きの天使』（一九三〇年）のなかのコンラート教授を演じたことで、ふたたびめざましい成功をおさめた。ベルリン座もまた、この俳優を確保することができた。ヤニングスは、このころのことについてつぎのように書いている。

私のベルリン時代の最初のころ、西区カフェ《カフェ・デス・ヴェステンス》の中心的人物である例の「赤毛のリヒャルト」

▲エーミール・ヤニングス。サイレント映画『ファウスト』の撮影の合間に，メフィストのメーキャップをして監督のフリードリヒ・ヴィルヘルム・ムルナウと一緒にいるところ。彼は自分が常連の芸術家酒場の女将エンネ・メンツと友人だった。1926年の写真。

〔本書第一章参照〕が映画をやってみたらどうかと勧めてくれた。そこで私は試してみようと思った（金が必要だったのだ）。ちょうどある際物《きわもの》俳優が私に、ベルリンのヴァイデンダム橋から下の蒸気船に飛びおりる気はないかと聞いてきた。撮影日は三日。ギャラは一日一五マルク（私は飛びおりなかった）。

この最初の映画出演の申し出とパラマウントからアメリカに呼ばれるまでのあいだには、何年もの時間が、そして映画で演じた多くの大役やら素晴らしい役が詰まっている。

私は帰ってきて嬉しく思っている。演劇の基本理念と、すなわち舞台から客席に直接働きかけることのできる発声劇とふたたび密接な関係をもてたことを喜んでいる。今回ベルリンで演じた『御者ヘンシェル』は、私に名状しがたい喜びを与えてくれた。[71]

エーミール・ヤニングスとその俳優仲間であるヴェルナー・クラウスは、長年にわたる友情を育んでいた。第一次世界大戦が終わったあとの最初の年、二人は後年になってからのようには金まわりがよくなかった。そのころのある晩、二人はエンネ・メンツの酒場《ロカール》に陣取っていた。クラウスはエーミールから金をせびろうとしていた。「エーミール、一〇マルクほど貸してくれないか」。「ヴェルナー」とヤニングスは嘆いてみせた。「すまないがどこかほかで借りてくれないか。こないだ二〇マルクほど君から借りて期日どおりに返せなかったとき、あやうく僕たちの友情がだめになるところだったのを覚えてるだろ？な、だからどっちがいいと思う？一〇マルクかい、僕の友情かい？」。クラウスこれに答えていわく、「すまん、一〇マルクのほうにしたいんだが[72]」。

　コンラート・ファイトは一九一七年、映画監督のリヒャルト・オスヴァルト〔歴史映画、文芸映画など。三八年に亡命〕によって発見された。『カリガリ博士』のセンセーショナルな成功ののち、ファイトはそのいくぶん魔的《デモーニッシュ》な感じのする外見によって、ひっぱりだこの悪役映画俳優となった。一九二六年まで、彼はさまざまなヴァリエーションのこういった悪役を演じた。ファイトもまた一九二七年から二九年までハリウッドで活動し、そのあとベルリンの映画スタジオに帰ってきた。エリク・シャレルが監督したトーキー・オペレッタ『会議は踊る』のなかのメッテルニヒ役で、ドイツ銀幕へのカムバックを果たしたのだった。ファイトとヤニングスは一九二八年に、彼らの「ハリウッド式」生活様式によってもまた有名となった。両人がプールで一緒に朝食をとっている写真は、あらゆるマスコミをにぎわした。二人は金持ちにはなったが、エンネ・メンツの酒場《ロカール》には忠実に通いつづけていた。そして、それがまた多くの好奇心の持ち主をアウクスブルク街のカウンターに魅きよせたのだった。

　コンラート・ファイトもまた、同様に劇場と映画のあいだの「往復者」であった。そのことについて一九三一年、彼は書いている。


　ドイツ座にはツィンマーマンという守衛がいる。彼は、いってみれば、私の俳優としての人生行路の父親だった。

▲ビヴァリー・ヒルズで撮られたこの写真は，1928年にベルリンのマスコミをにぎわし，これこそ華の「上流生活」を示すもの，とされた。コンラート・ファイト，エーミール・ヤニングス，その妻グシー・ホル。彼女がハリウッドに立ち寄ったさいに，プールで朝食をとっているところ。しかし，ヤニングスもファイトも1929年から30年にかけてベルリンに戻っている。アメリカでの大成功は見こめないとわかったためである。

このツィンマーマンは、天上桟敷の立ち見席の切符を手に入れるため並んでいる、われわれ一九歳の熱狂的な演劇ファンを監視していた。俳優になるにはどうすればよいのかわからなかった私は、ツィンマーマンにたずねた。なにしろ彼は劇場の「前に立っていた」〔「前に立つ」というドイツ語には「統括する」という意味もある〕のだから。私の問いにたいする答えとして、彼の頭には「奇抜なアイディア」、つまり俳優になるためにはなにかを学ばねばならないという考えが浮かんだ。そして私に、俳優のアルベルト・ブルーメンライヒのところへ行くように指示した。一六時間のレッスンを終えると、私はもちろん「舞台への最終的な準備」が完了したことになり、ブルーメンライヒは実際に、私をオーディションの朗読のためにラインハルトの前に連れていった。なにを朗読したいのかと問われた私は、即座に『ファウスト!』と宣言した。ラインハルトのほうはといえば、退屈そうに窓の外を見るという程度の関心を示しただけだった。

いずれにせよ、私は月五〇マルクのギャラで実習生契約を結ぶことができた。それから戦争がはじまった。一九一五年、私は病気になり前線勤務不適と診断された。一九一六年のなかばごろ、エトムント・ラインハルトに手紙を書いた。私はふたたび採用された。ゲオルク・カイザー〔三三年までのドイツでもっとも多くその作品が演じられたといわれる劇作家。三八年に亡命〕の『珊瑚』の初演で小さな役をもらった。それからリヒャルト・オスヴァルトという人物を通して、映画というものが私のところにやってきた。

どのようにして映画から演劇へ移ったのかとしばしばたずねられるのだが、このささやかないきさつを語ることで私がいいたかったのは、私の本領はもともと演劇にあったということなのだ。私が今日ふたたび——大きな喜びを感じながら——芝居を演じていることは、私にしてみればたんにもとの職業へ復帰したにすぎないのである。

演劇万歳！ 映画万歳！(73)

多くのベルリン子たちから、この芸術の都の演劇生活の象徴的存在とみなされていたフリッツィ・マサーリ〔レヴューのスター〕も、エンネ・メンツのところの常連席に通うことをやめなかった。この偉大な女優については、すでに一九二二年に作家クルト・ピントゥスが『八時夕刊』紙上に書いている。

あのマサーリは、同業の女優連とはまったくちがっていた。こういった女優連ときたら、とってつけたように体をくねらせ、責め苛まれているような甲高い声で歌い、彼女らのもつ魅力ばかりか、声や演技までもみずから台無しにしているのだ。

マサーリはいわば貴重なスーブレット歌手〔オペレッタなどで小間使いなどの軽妙な役を演じるソプラノ歌手〕である。つまり彼女は、このジャンルにおけるもっとも洗練され、昇華された実例なのだ。歌でも演劇でも同様に完璧であるがゆえに、彼女は理想的存在なのである。彼女は古典的なオペレッタの伝統をその頂点にまで導き、さらに彼女の先輩たちがもっていなかったものをいささかながらつけ加えている。すなわち黄泉の国の炎である。これはたとえば単なる気質がそうさせるわけではなく、偉大な戯曲のヒロインたちのあの芸術の根源と通じあうものなのだ。くわえて愛すべき善良さ。この善良さを彼女は、一部は共演者に、そしてまた一部は聴衆に向かって発するのである。[74]

演劇と映画の世界の交流が頻繁にみられた、少なくとも三つの飲食店《ロカール》の名前をあげておこう。クーアフュルステンダム街のカフェ・ヴィーンには、カバレット芸人たちが作家マックス・ヘルマン＝ナイセのなじみの席に座っていた。ブライプトロイ街のヘンリー・ベンダーの店は、パウル・ヴェ

▲ベルリン劇場の２人のスターの私生活風景。性格喜劇俳優マックス・パレンベルクとその妻であるオペレッタの花形プリマドンナ，フリッツィ・マサーリ。この２人の俳優は，ときおりシュヴァンネッケに行くこともあったが，彼らの友人エンネ・メンツのところの忠実な常連客であった。アメリカへの短期旅行の途上，大西洋横断の汽船上で，1930年の写真。

▲マックス・ヘルマン=ナイセ。シュレージエンのナイセからベルリンにやってきた詩人マックス・ヘルマンは，自他ともに認めるカバレットの批評家であり，さまざまなカフェや酒場《ロカール》の常連であった。ルートヴィヒ・マイトナーによる油絵，1928年。ダルムシュタット，ヘッセン州立博物蔵。

スターマイアー〔俳優。ナチ時代にはナチの宣伝映画『トッガー』『ヤッコ』にも出演〕を囲む喜劇人たちの溜まり場となっていた。レストラン・ジョッキィにはオペレッタのスターであるテノール歌手のリヒャルト・タウバーが常連席をもっていたし、映画監督たちがここに座っては、外国からの客と話をすることもしばしばだった。

第4章

『三文オペラ』を生んだ世紀の店

――レストラン・シュリヒター

▲マックス・シュリヒター。成功した実業家としての自意識がうかがえる。彼はレストラン・シュリヒターのオーナーである。弟の画家ルードルフ・シュリヒターの筆による油絵，1931年。個人蔵，ベルリン。

当時だれもがこういった人びとに出会っていましたが、これはまったくあたりまえのことでした。私たちはとにかくそういうふうに暮らしていました。のちに連中がみな有名になってからようやく、彼らのような人間を知っていることが、なにか特別なことのように思われるようになったのでした。けれど出来事の渦中にいると、いったいなにが起こっているのやらまるでわからないことがあるものです。彼らのしていることが気に入るということはありましたが、だからといって、彼らのすべてを受け入れたわけではないのです。

今日、この時代にたいする一種のノスタルジーのようなものが見受けられます。けれど私たちにとってみれば、ともに暮らし、互いに言葉を交わし、シュリヒターで顔を合わせていただけのことなのです。シュリヒターは絵のように美しい、とても居心地の良い場所でした。劇の公演のあとなどに、だれがいうともなくそこに集まり、寝る前の一杯をひっかけ、語りあいました。うわさ話をするにはもってこいの場所でした(75)。

「昔の」ベルリン時代をこのように回想しているのは、現在七〇歳でニューヨークに住んでいる女優で歌手のロッテ・レーニャ〔クルト・ヴァイルは最初の夫。三三年からアメリカに在住〕である。当時、彼女はほとんど一夜にして、新たに登場したソング・スタイルの傑出した歌い手となった。このソング・スタイルは、彼女の夫クルト・ヴァイル〔作曲家。三五年以降はアメリカで活躍〕がブレヒトと共同で一九二七年につくりあげたものだ。

彼女がその夫となる男性に最初に出会った場所は、ルター街のレストラン・シュリヒターだった。二〇年代初頭、マックス・シュリヒターがまずレストランを開店したのはマールブルク街である。それから一九二五年になって、彼はそのレストランをルター街とアンスバハ街の角に移転した。この料理店《ロカール》は弟の画家兼素描画家ルードルフ・シュリヒターを通じて、またたく間に芸術家のあいだにその名を知られるようになった。このルードルフがベルリンにやってきたのは一九一八年のことだが、「十一月グループ」〔一九一八年一二月三日に旗揚げした反体制芸術家、作家、建築家、俳優などの集団。芸術産業の改革などをめざした〕やベルリンのダダ・グループの一員として、造形芸術家や作家と多方面にわたるつながりをもっていた。

大ベルリン芸術展の主催者上層部が一九二〇年、二人の画家、オットー・ディクスとルードルフ・シュリヒターの二点の絵を展示しないよう求めたとき、「十一月グループ」の指導者たちは二人のために尽力しようとはしなかった。そこでシュリヒターはほかの一〇人の芸術家たちとともに、このグループにたいして「公開書簡」を発表し、このグループを見限った。この書簡の文言ではとりわけつぎのようになっている。「われわれが革命を、新しい共同体の実現を宣言したのはなにも口先だけのことではない。したがって、われわれはみずからの明確な課題、すなわち、勤労者の新しい人間共同体の建設に参加するという課題を実行していくつもりである」(76)

シュリヒターと同様、共産主義芸術家同盟「赤い集団」に加わった者たちのなかには、ジョルジュ・グロス〔画家、文筆家。マリク出版社に関係する。ピスカトールのために舞台装置を考案。三三年に亡命〕、オットー・ディクス、そしてハンス・バルシェク〔画家、作家〕らがいた。以後シュリヒターは、ドイツ共産党の諷刺的雑誌『デア・クニュッペル（棍棒）』の発刊に、マリク出版社社長ヴィーラント・ヘルツフェルデ〔ドイツ共産党員。のちに亡命。戦後は東ドイツで大学教授〕と、さらにはヴィーラントの兄のジョン・ハートフィールド〔版画家。政治的なフォトモンタージュによって知られる。三三年に亡命〕とともに力を貸すことになった。このようにして一九二五年以降、ひとつの芸術家集団が、ルター街のレストラン・シュリヒターのところで顔を合わせることになった。この芸術家集団はそれにつづく数年間のあいだ、ベルリンを中心とするワイマル共和国の革命的芸術を特徴づけることになる。演出家エルヴィーン・ピスカトールの顔もここで見ることができた。エーゴン・エルヴィーン・キッシュがときおり立ち寄ったり、一九二四年九月にミュン

▲ジョルジュ・グロス。ベーネディクト・F・ドルビンの肖像スケッチ，1928年。

▲画廊としてのカフェ。絵や版画を売っていた飲食店（ローカル）は，レストラン・シュリヒターだけではなかった。1932年のこの写真に写っているのは，インスブルック街にあったカフェ兼ダンスバー「ヴァクゲルト」の展示即売用の壁である。この飲食店はもとプロボクサー，ヴァクゲルトの所有になるものである。この飲食店を1930年ごろに発見して芸術家連中に紹介したのは，有名な女優でカバレット芸人のトゥルーデ・ヘスターベルクの兄，画家のヘスト・ヘスターベルクであった。

ヒェンからベルリンへと引っ越してきたベルトルト・ブレヒトなどは、それ以来常連客となった。

マックス・シュリヒターはこのレストランを、いつでも弟の作品を販売できるようなギャラリーとして利用していた。どの部屋にも、ルードルフ・シュリヒターの最新の油絵や素描が掛けられていた。ちなみにこういったことは、当時のベルリンではなにも例外的なことではなかった。多くの若い芸術家たちは展示場や販売のための場所として、レストランやカフェを利用していたからだ。当時、兄の店のすくなからぬ常連客の肖像画を、弟のルードルフは描いていた。たとえば、作家のデーブリーン、キッシュ、ブレヒト、ブレヒトの妻のヘレーネ・ヴァイゲル、作家のアルノルト・ブロンネン、ミュンヒェ

▲アルフレート・デーブリーン。今日では行方不明となっているこの肖像画は，デーブリーンの小説『ベルリン・アレクサンダー広場』の原稿からとられた2つの場面のテクストとともに，『新ベルリン』誌に掲載された。ルードルフ・シュリヒターの油絵，1928年。かつてはベルリン市が所蔵していたもの（複製）。

ン在住のオスカー・マリーア・グラーフ〔作家。ミュンヒェン革命に参画。のちに亡命〕などである。グラーフとルードルフ・シュリヒターは一九二六年に、ツォー駅に隣接している皇帝ホール《カイザーゼーレ》で催された「十一月グループ」のある仮装ダンス・パーティーで知りあった。シュリヒターはジョルジュ・グロスやヴィーラント・ヘルツフェルデ、そしてジョン・ハートフィールドらと一緒に、このパーティーに来たのだった。ルードルフ・シュリヒターは知りあった翌日にはもう、あなたの肖像画を描きたいから、と頼みこんで、この飾りけのない人柄のグラーフに自分のアトリエまで来てもらった。グラーフはのちに語っている。

「画家のルードルフ・シュリヒターが私の肖像画を描いた。そしてルター街で芸術家酒場《クナイペ》を経営している彼の兄が、さっそくこの絵をその店の最高の場所に掛けてくれた」[77]

これらの肖像画のうちでおそらくもっとも有名なものとなったのは、ロマーニッシェス・カフェの前に立つ「突撃レポーター」キッシュを描いた油絵だろう。タバコを無頓着に口のすみにくわえたキッシュの後ろには、広告塔《リトファスゾイレ》が立っており、キッシュの書いたさまざまなルポルタージュの見出しが並び、エーリヒ・ライス社のものと思わせる広告もそれとなく貼られている。この出版社から、キッシュのルポルタージュが本として出版されているのだ。同じように重要なのがブレヒトの肖像画である。

「その肖像画はブレヒトのつかみどころのなさと、自己演出の性癖をよくとらえている。ブレヒトはつねに、自分を効果的に様式化してみせる術を心得ていた。革の上着に革のネクタイを締め、タバコを手に持ち、あるいは口のすみにくわえるというのは、彼の外見の特徴的な標章《スタイル》であり、同時にプロレタリ

▲エーゴン・エルヴィーン・キッシュ。この「突撃レポーター」はシュリヒターの筆によって，ロマーニッシェス・カフェと広告塔（リトファスゾイレ）を背景にして描かれている。広告塔にはキッシュのルポルタージュや書籍のポスターが貼られている。ルードルフ・シュリヒターの油絵，1928年。マンハイム市立美術館蔵。

▲ベルトルト・ブレヒト。この劇作家の友人だったルードルフ・シュリヒターが，28歳のブレヒトを描いたもの。ブレヒトが詩集『家庭用説教集』（1927年）や『三文オペラ』（1928年）で，ベルリンでもっとも名の知れわたった詩人のひとりになるのは，このあとのことである。ルードルフ・シュリヒターの油絵，1926年。ミュンヒェン市立レンバッハ美術館蔵。

ア階級にたいするブレヒトの共感を裏書きするものでもあるはずだ」[78]

当時、一九二六年から二七年にかけてブレヒトはいっそう社会学的諸問題にとり組みはじめており、その結果、やがてまもなくして彼はマルクス主義の研究に向かっていくことになる。当時のブレヒトの友人のひとりに社会学者のフリッツ・シュテルンベルク〔三三年スイスに亡命。マルクス主義者。当時はフランクフルト大学で教鞭をとっていた〕がいるが、シュテルンベルクは、ルードルフ・シュリヒターを通じてブレヒトのことをはじめて知るようになったいきさつを書いている。

「晩にわれわれは、当時有名だったあるベルリンのレストランに赴いた。そのレストランはルードルフ・シュリヒターの兄のものだった。そこで食事をしていたのだが、二つ三つ先のテーブルに眼鏡をかけ、同じく夕食をとっている男がいるのに気がついた。彼は私の注意を引いた。彼がただそこに座り、手を動かしているだけで、彼の顔や姿から、なにか一風変わったもの、忘れられないものが発散されていたのだ。私はシュリヒターに言った。『なあ、ルーディ、あの男と知りあいになりたいんだけど』。シュリヒターは大きな笑い声をあげて、『あれがブレヒトだよ』と答えた」[79]

一九二七年三月、作曲家のクルト・ヴァイルはバーデン・バーデン・ドイツ室内楽フェスティヴァルから短いオペラの作曲依頼を受けた。適当な台本を探しているうちに、ちょうど出版されたばかりのブレヒトの詩集『家庭用説教集』がヴァイルの手に入った。その詩集には、「読章第四」として例のマハゴニーの歌が含まれていた。ヴァイルはこれに曲をつけて、ソング劇〔諷刺的・社会批判的内容の歌を盛り込んだ一種のミュージカル。とくにドイツでは第一次世界大戦

〔後に流行した〕にしようとした。それにはただし、ブレヒトの意見と同意が必要だった。

ヴァイルは当時、女優のロッテ・レーニャと一緒に、シャルロッテンブルク近くのルイーズ広場に面した下宿屋ハスフォルトに住んでいた。彼らが友人たちに、いったいどこに行けばブレヒトに会えるのかとたずねたところ、レストラン・シュリヒターの名前を教えてくれた。そのレストラン・シュリヒターでブレヒトとヴァイルが最初に出会ったのは、一九二七年四月のある晩のことだった。そして、この日から四年にわたる緊密な共同作業がつづくのである。

ブレヒトはソング劇についてのヴァイルの計画を受け入れ、両人は『マハゴニー』というタイトルで

▲ロッテ・レーニャとハラルト・パウルゼン。1931年12月21日，クーアフュルステンダム劇場でのオペラ『マハゴニー市の興亡』のベルリン初演から（演出と舞台美術カスパー・ネーア，音楽監督アレクサンダー・フォン・ツェムリンスキー）。レーニャは，夫クルト・ヴァイルとともに，レストラン・シュリヒターに始終顔を見せていた。

▲シフバウアーダム劇場のベルトルト・ブレヒト（右）とクルト・ヴァイル。彼らがレストラン・シュリヒターで最初に会ったのは，1927年の春のことである。1928年夏，『三文オペラ』のリハーサル中に撮られたこの写真は，2人が一緒に写っている数少ないもののうちの1枚である。

四月中にこの劇を完成させた。バーデン・バーデンの音楽祭の観客を前にしておこなわれた七月の初演はスキャンダルとなった〔高尚な芸術を期待していた観客が、ごろつきスタイルの歌手たちの歌うハレンチな歌詞に抗議の口笛を吹き、これに対して歌手たちもあらかじめブレヒトから手渡されていたホイッスルを吹き返した〕。しかし、ブレヒトとヴァイルはこの題材でひきつづき共同の活動をおこなうことで意見が一致していた。彼らはこの題材に手を入れて、大きな叙事的オペラにするつもりであった。ところが一九二八年の初頭、この共同作業は（将来にわたって大きな影響を及ぼすことになる）中断を余儀なくされる。しかし、中断後の共同作業はまたしてもレストラン・シュリヒターではじめられたのである。

ベルリンの若手俳優エルンスト・ヨーゼフ・アウフリヒトは当時、叔父から一〇万マルクの遺産を相続した。そして彼は、この金で興行主になることを決心した。シフバウアーダム街にちょうど空いていた劇場を借り、二人の文芸部員と何人かの俳優、それに演出家としてエーリヒ・エンゲルを雇い入れた。「座元・アウフリヒト」による初演の日時は一九二八年八月三一日に決定した。これで足りないものといえば、こけらおとしにふさわしい作品だけとなった。このへんの事情についてはアウフリヒト自身が書いている。

劇場作品を扱っている組織はくまなく探し歩いた。ブロッホ・エルベン社では、まだ舞台にかけられたことのないヘルマン・ズーダーマン〔日本では『憂愁夫人』などで知られる自然主義の作家、劇作家〕の『兎皮商人』が初演用作品としてどうか、ともちかけられた。私はその本を手にとると、階段を下りていき、ニコルスブルク広場の屑籠のなかに投げ捨てた。この出版社は当時、その広場に面したところにあったからだ。ディ・シュミーデ社では、まだ完成もしていないゲオルク・カイザーの『ミシシッピー』に二〇〇〇マルクの手付金を払い、ドライマスケン社では、ポール・レナル〔フランスの劇作家。平和主義的な反戦劇で知られる〕の書きあがっていない作品に一〇〇〇マルクの手付金を支払った。

出版社を訪問した結果は芳しくなかった。そこで、ベルリンで活動している作家たちを訪ねることにした。トラー〔表現主義の劇作家、詩人、革命家。三三年に亡命。三九年にアメリカで自殺〕のところに行き、フォイヒトヴァンガー〔作家。歴史小説などで人気を博した。三三年に亡命したが、四〇年にフランスで強制収容所に入れられた〕をたずね、ほかの作家たちのところも訪れてみたが、完成作品をもっているものはだれもいなかった。

「もしなにも見つからなかったら、これは首吊りものだぞ。あと残された手といえば、芸術家酒場《ロカール》のシュヴァンネッケかシュリヒターに行くしかない」

そこでわれわれはルター街のシュリヒターに赴いた。

店の壁には、レストラン経営者の弟で画家のルードルフ・シュリヒターの絵が売り物として掛けられていた。二番目の部屋にひとりの男が座っていた。それがブレヒトだった。

彼と個人的な知りあいというわけではなかったが、演劇に関する彼の文学的実験については知っており、私は彼の詩を評価していた。

彼の面長な顔には苦行僧のような表情が浮かぶことがしばしばあったが、ときおりならず者のようなすれっからした表情も見せていた。褐色の刺すような眼は、映るすべてのものを貪欲に、飢えたように吸いこむのだった。彼はやせこけ、撫で肩をしていた。帽子にジャンパー、それに剝きだしの襟もとといった、みだしなみには無頓着なプロレタリア風の身なりを、私はブレヒト流の「異化」なのだと考えていた。外見は嫌悪感を起こさせるものではあったが、彼自身は魅力的な男だった。

　われわれは彼のテーブルに座り、目下悩みの種の問題について語った。ブレヒトは、ちょうどとりかかっている劇のあらすじを語りはじめた。その話がさほど興味を引かなかったことに、彼はたぶん気がついたようだ。というのも、われわれが勘定を頼んだからだ。

「それから並行してやっている仕事があるんだ。それについては明日六時に七枚の絵を見せるから、それでどんな話かわかるだろう。ジョン・ゲイ〔イギリスの劇作家、詩人〕の乞食オペラの改作ものなんだ。ぼくは『浮浪者』っていうタイトルをつけたんだがね。この乞食オペラは一七二八年に初演されている。ロンドンじゃなくて、郊外のとある納屋でかけられたんだ。登場人物を仮名にして、汚職のスキャンダルを扱っている。とかく評判の悪いギャングがいて、その友人が警察署長なんだ。ギャングはその署長と取引をしているってわけさ。ギャングはものすごく権力のある人物からひとり娘を誘拐してきて、彼女と結婚する。その人物とは乞食の親玉で、娘に服を着せ、教育を与え、彼女の能力に応じて仕事の役割を与えている。結末は僕がちょっとスケッチしておいた七枚目の絵に描

▲『三文オペラ』はベルリン初演ののち，これにつづく1929年から30年にかけて，ドイツ各地の舞台でなんども上演された。この舞台写真は1929年にオルデンブルクの劇場で撮影されたもの。マリーア・マルティンゼンがイェニイ役を演じている。

いてある」

この話は芝居として使えそうな気がした。翌朝、シュピヒェルン街にあるブレヒトの住んでいる家具付きのアパートに、その原稿をとりにいくことを約束した。[80]

これにつづいて起こったことは、とっくの昔に今世紀の演劇史的事実となっている。あわただしい舞台稽古が何週間かあって――ちなみに、小説家のリオン・フォイヒトヴァンガーがこの『浮浪者』という作品にもっと効果的な『三文オペラ』というタイトルを提案し、このアイディアをブレヒトとヴァイルは即座に受け入れた――、一九二八年八月三一日の初演を迎えた。そしてこの初演は、この劇に関係していただれもがまったく予想だにしなかった輝かしい成功をおさめるのである。アウフリヒト自身からして、ひそかにつぎの作品を探さなくてはならないだろうと思っていたくらいなのだ。しかしつぎの作品は必要なかった。わずか一年以内に、『三文オペラ』はドイツとヨーロッパの舞台で大成功をおさめた。出版社の記録では、一九三〇年までに一万回以上この作品が上演されたという。街角や、レストランやバーのいたるところでこの作品のソングの数々が歌われ、メロディーが口笛で吹かれていた。今日にいたるまで、これらのソングはそのわかりやすさと攻撃性をすこしも失っていない。

シフバウアーダム劇場では初演にひきつづいて、まる一年のあいだ『三文オペラ』が上演された。公演のあと、俳優やら関係者たちがシュリヒターに集まることも多かった。そこでみなは舞台の成功がつづいていることを祝ったのだった。この成功はアウフリヒトに多大の収入をもたらしただけでなく、ブレヒトとヴァイルの経済状態をも決定的に変えたのである。

「五馬力の男」として知られるクルト・トゥホルスキー〔五つの筆名をもつ作家〕もまた、パリをかなり長いあいだ留守にするときには、しばしばシュリヒターに姿を現わしていた。ブレヒトとトゥホルスキーの関係はアンビヴァレントなものだった。トゥホルスキーは『世界舞台《ヴェルトビューネ》』誌に書いた多くの批評のなかで新種の演劇構想を強調してはいたが、ブレヒトが、たとえばフランソワ・ヴィヨン〔フランスの中世詩人〕やラドヤード・キプリング〔イギリスの作家。〇七年にノーベル賞受賞〕などの詩句をあっさりととりこんで作品を書いてしまうため、こう

▲クルト・トゥホルスキー（左）とヴァルター・ハーゼンクレーヴァー。この2人の作家は1924年にパリで知りあい，それ以来親しい友人となっている。1932年，彼らは共同で喜劇『クリストフ・コロンブスあるいはアメリカ発見』を執筆した。彼らはしばしば旅行に出ていたが，それでもベルリン滞在時にはロマーニッシェス・カフェに定期的に足を運んでいて，そこで顔を見かけることができた。1925年の写真。

いったブレヒトのいい加減な盗作まがいの行為を激しく槍玉にあげていたのだ。くわえて一九三〇年一〇月一日、『世界舞台《ヴェルトビューネ》』誌にテオバルト・ティーガー〔トゥホルスキーの筆名のひとつ〕の詩が掲載された。

カウゴーイの歌
「くそったれ!」

ラドヤード・ブレヒト作

ラン――パン!
ラン――パンパンパン!
俺たちゃマハゴニー一族〔マホガニー樹の幹という意味もある〕の生まれ!
とても遠くてとても近い!
とれたところはバイエルン――アメリカ。
アホーイと叫んでみる!
俺たちゃ野蛮人なんかじゃない――ただそうしてみせているだけ!
俺たちの尻には子牛の背革装!
そして俺たちゃひからびちゃいない――そんなしるしはまったくない、アー……!

エストレマドゥラで〔スペインの地名。荒涼とした土地の代名詞〕！

エストレマドゥラで！

エストレマドゥラで――！

もちろんこういった攻撃をしたからといって、両者が祝杯をあげる機会をともにすることができないというわけではない。マックス・シュリヒターが催す仮装パーティーは有名なものだった。それらのパーティーは、レストラン・シュリヒターの大きな奥の部屋で招待客のために開かれた。あらかじめ「祝祭委員会」なるものが厳密に参加者の人選をおこなっていた。リーザ・マティアスの所有になるこのような「シュリヒター舞踏会」への招待状の一枚が、時代を超えて現存している。それには、マックスおよびルードルフ・シュリヒター、ジョン・ハートフィールド、ベルトルト・ブレヒト、それから画家のクサーファー・シャフゴッチュ〔オーストリア人。ロシア文学の翻訳家、作家〕の署名がある。マティアスはトゥホルスキーの長年の伴侶であり、恋人でもあり、生粋のベルリン子「ロットヒェン」として有名になった人物像のモデルでもあった。彼女はつぎのように回想している。

「火曜日は魅惑的な舞踏会が開かれる日だった――招待状を参照のこと。すべての有名人がそこにいた。ベルト・ブレヒト、トラー、ブルシェル〔作家、随筆家。『フランクフルト新聞』などで活動。二四年ナチの焚書の対象となる。三三年フランス、スペイン経由でチェコに亡命〕、ジョルジュ・グロス、ヘルツフェルデ、ヒュルゼンベック〔医者、ジャーナリスト。ダダイズム創始者のひとり〕、クサーファー・シャフゴッ

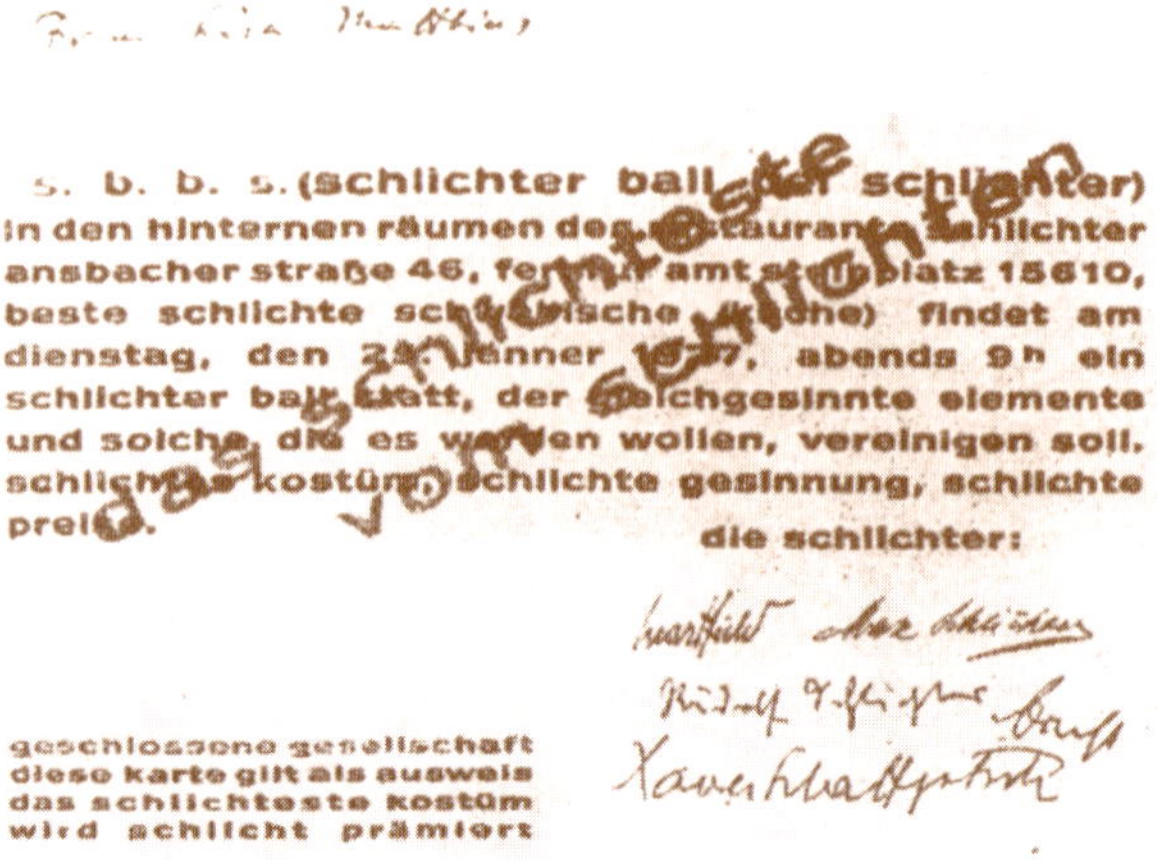
s. b. b. s. (schlichter ball [illegible] schl[illegible]ter)
in den hinternen räumen des [illegible]staurant[illegible] schlichter
ansbacher straße 46, fern[illegible] amt [illegible]platz 15610,
beste schlichte sch[illegible]ische [illegible]che) findet am
dienstag, den 2[illegible] jänner [illegible]7, abends 9h ein
schlichter ba[illegible] statt, der [illegible]eichgesinnte elemente
und solche, die es w[illegible]en wollen, vereinigen soll.
schlich[illegible] kostüm, schlichte gesinnung, schlichte
prei[illegible].

die schlichter:

das schlichteste vom schlichten

geschlossene gesellschaft
diese karte gilt als ausweis
das schlichteste kostüm
wird schlicht prämiert

▲レストラン・シュリヒターで1927年１月25日におこなわれたダンス・パーティーへの招待状。

チュなどなど。なかでも私のとても好きだったペーター・パンター、本名クルト・トゥホルスキーがいた。とっても魅力的な男だった。ひどく陽気で、ありあまるほどの機知をもっていた」。そしてリーザ・マティアスに招待状がやってきた。

s・b・b・s（シュリヒターでのシュリヒター舞踏会）

レストラン・シュリヒター（アンスバハ街四六番地、電話シュタインプラッツ局一五六一〇番、最上の素朴《シュリヒト》なシュヴァーベン料理屋）の奥の間にて、一九二七年一月二五日火曜日午後九時、シュリヒター舞踏会を開催いたします。同じ志をもった者や、そうなりたいと思っている者どもが一堂に会します。質素《シュリヒト》な服装、飾りけのない《シュリヒト》心情、手ごろな《シュリヒト》お値段。

シュリヒターの面々‥
ハートフィールド、マックス・シュリヒター
ルードルフ・シュリヒター、ブレヒト、
クサーファー・シャフゴッチュ

会員制
この招待状は会員証となります。
もっとも地味《シュリヒト》な服装には
ささやかな《シュリヒト》賞品が贈られます(81)。

一九二七年にルードルフ・シュリヒターは、のちに彼の妻になるスピーディと知りあった。二人が一九二八年に結婚したとき——結婚立会人はジョルジュ・グロスだった——レストラン・シュリヒターで結婚披露宴が大々的におこなわれた。これにつづく何年かのあいだ、画家ルードルフはモデルとしてスピーディを好んで使うことになる。シュリヒターは一九三二年にその自伝的小説である『間《あいだ》の世界』のなかで、彼女との最初の出会いについて書いている。

「するとある日、彼は友人たちとあるカフェにいたのだが、そこでひとりの若い女性と出会った。彼女の顔や姿が深い印象を与えた。そして彼女の口が開き、心地よい響きのフランス語でふたことみこ

▲ルードルフ・シュリヒターとその妻スピーディ，1928年。

と彼に話しかけたとき、とっくの昔に消えうせてしまったと思われていたあの世界が、魔法の杖とともに彼の心のなかに立ち現われたのだった。彼女に出会う二、三分前だったら、そういった世界の存在を頭から否定し、市民的な寝ぼけた感情でしかないと、軽蔑的にあっさり片づけたことだろう。熱い恋の波が彼の体のなかを昇っていた[82]」

ブレヒト、グロス、ヴァイルを中心とする仲間連中が、『三文オペラ』の成功のあともひきつづいてシュリヒターに集まっていた。一九二九年の中ごろ以降は、これにヴァルター・ベンヤミン〔二〇世紀を代表する批評家、思想家。三三年に亡命を企てたが、四〇年にアメリカへ脱出の途上、ピレネー山中で自殺〕が加わった。のちには（ブレヒトがヴァイルと訣別した一九三〇年以降は）ハンス・アイスラー〔作曲家。シェーンベルクに師事。三三年に亡命〕も常連になった。

一九二九年六月のベンヤミンの手紙にはこう書かれている。「二、三の特筆すべき知人ができた。そのひとり、ブレヒトとの関係はほかのそれとくらべて緊密なものだ（ブレヒトについては、そして彼との関係については語るべきことがたくさんある[83]」。それから二年たつかたたない一九三一年の四月、ベンヤミンはブレヒトと一緒につくりあげようとしていた新しい美学構想について書いている。それは「当地の小人数ではあるが、しかしきわめて重要な前衛派の人びとの心を目下のところとらえて離さない」、ある立場を強調したものである。「私にますますブレヒトの作品との連帯感を深めさせていくよう仕向けた多くのものが、まさに……あの……作品そのもののなかにあるのだ[84]」

ここで問題になっているのは、芸術を社会に関与する契機としてとらえようとする、芸術の機能の新

▲カフェの情景。このイラストはルードルフ・シュリヒターがみずからの自伝的小説『間の世界』のために描いたもの。この小説は1931年，ベルリンのエルンスト・ポラック社から出版された。

たな定義なのである。芸術生産を、そして同時にまた芸術生産の社会的基礎をも変化させるような契機が、ここでは問題となっているのだ。

ワイマル共和国では、このような革命的・唯物論的美学はほとんど影響力をもてなかった。しかし、この美学は例の二〇年代の生産的な遺産である構想——それらは遠く現代にまでその影響を及ぼすのだが——のうちのひとつなのである。

ルター街のシュリヒターでは、これに関して多くの議論が戦わされたのだった。

第5章

詩人貴族の高級ロカール

――ホテル・アドロン、ホテル・エデン、レストラン・ケンピンスキー

▲ベルリンの「ナンバー・ワンのアドレス」，すなわちウンター・デン・リンデン街1番地にあるベルリン第一のホテル・アドロン。1927年に配られた宣伝ビラのカヴァー。

一九二九年一月のレッシング〔啓識主義の作家、批評家〕生誕二〇〇年記念祭のため、プロイセン芸術アカデミーは二人の人物に基調講演をするよう依頼した。文学史家のユーリウス・ペーターゼン〔ベルリン大学教授。ゲーテ協会会長〕とトーマス・マン〔『魔の山』などで知られる作家。二九年にノーベル賞受賞。三三年に外遊の途につき、大戦中は帰国しなかった〕である。トーマス・マンはこの催しの数日前、念のためにもういちどペーターゼンに問いあわせた。「拝啓、教授殿、……この式典には燕尾服を着用なさいますでしょうか？[85]」

これまで本書のなかで言及された作家たちのうちで、このような衣服を所有していた者はほんのわずかだった。それでも、彼らが特定の社交の催しなどにたまさか参加しなければならないようなときは、タキシードか燕尾服を貸衣装屋から借りてくるのだった。

トーマス・マンやゲールハルト・ハウプトマン〔劇作家、小説家。一二年にノーベル賞受賞。ゲーテの影響が強く、その作風は多様である〕はそうではなかった。両人ともワイマル共和国の文学を内外に向けて代表している人物であり、ノーベル文学賞が二人に授与されたこと（ハウプトマンはすでに一九一二年に、そしてトーマス・マンは一九二九年にそれぞれ受賞している）は彼らが国際的に認められ、評価されているあかしであった。両人とも、このような栄誉のことなど気にかけてはいないと繰り返し強調してはいた――たとえば、トーマス・マンは一九三〇年一月に書いている。「ちなみに私は、ストックホルム（のノーベル賞委員会）などといったもので有頂天になるような人間ではない。実際のところ、なにも変わりはしなかった。受賞のせいで慢心するかもしれぬというばかばかしい危険など、せいぜい引退してからの話なのだ[86]」――彼らは自分たちの名声を味わっていた。そして彼らの作品がもたらすかなりの収入によって、それ相応のライフスタイルで生活することができたのだった。

シュレージエンのアグネーテン村、ヒデン湖、そしてイタリアという具合に交互に場所を変えて住んでいたゲールハルト・ハウプトマンにしろ、ミュンヒェン在住のトーマス・マンにしろ、そのきっかけはいろいろであったにせよ、長期・短期のベルリン滞在を頻繁に繰り返していた。ベルリン滞在のおりに彼らが常宿にしていたのは、この首都でも高級な場所、つまりブランデンブルク門に面した、ウンター・デン・リンデン街のホテル・アドロンであった。

このホテルは一九〇七年、ローレンツ・アドロンによって設立された。二〇年代にいたっても、このホテルはエレガンスと贅沢の粋を集めた場所とみなされていた。落成式に皇帝ヴィルヘルム二世の臨席を仰いだこのホテル・アドロンは、国賓や外交官が宿泊する公式のホテルであるだけでなく、国際的に有名な経済人、学者、文化人がベルリンに滞在するさいにもその宿舎とされた。二階の一〇一号室から一一四号室までのスウィートは、いわゆる著名人専用室であった。チャーリー・チャップリン（一九二九年）であれ、ソヴィエトの女性外交官アレクサンドラ・コロンタイ〔急進的女権論者。ノルウェー、メキシコ、スウェーデンの各大使を歴任〕（一九二六年）であれ、有名人はみなここに宿泊した。

この堂々たる建物の一階と二階にはいくつものレストランやサロンがあった。ここで客たちは、高価な大理石やエレガントな板張りのかもしだす堅牢な雰囲気のなかで、だれにも邪魔されることなく腰を落ち着けることができた。ホテル・アドロンの特別な呼び物といえば総ガラス張りの部屋、ヴィンター・ガルテン（冬庭）である。ここから中庭に出ることができた。毎日催されたティー・パーティーにはマレク・ヴェーバー・オーケストラの伴奏がついており、これはベルリンでは、上流社会のきわめつきの午後のお楽しみとして知られていた。晩もまた、ホテル・アドロンはダンスの機会を提供していた。このホテルのエレガントなバーにはアメリカ風のインテリアが施され、すでに午後早い時間から開いていた。このバーは、ホテルの常連客やこの街を訪れた有名人の集まる場所であった。

一九三二年、ゲールハルト・ハウプトマンは学芸功労賞を国家から授与され、その七〇歳の誕生日をベルリンで盛大に祝った。彼は自作の初演のためにこの首都に毎年一度ないし二度は足を運んだが、そのほかにも公式の式典や記念行事などの際の講演者として、または来賓としてベルリンにやってきた。その特異な風貌のため、そして「ゲーテ頭」のために、ハウプトマンの顔は広く知られていた。彼はまた多くの逸話の持ち主でもあった。彼はしばしば、朝早くホテル・アドロンから近くにあるティアガルテン公園へと散歩に出かけた。ある朝の散歩のとき、芝生の囲いを踏み越えてしまったことがあった。「おい、そこの人！」と公園監視人が叫んだ。「歩道を歩いてくれんかね！」

「おやおや、私がだれだかご存じないのかね？」

その秩序の維持者はこれに答えていった。「知ってるとも。ゲーテだろ。だけど、だからといってあんたが芝生を踏みにじっていいということにはならんのだ[87]」

▲ホテル・アドロンのヴィンター・ガルテン（冬庭）で催された，昼間のダンス・ティー・パーティーは有名だった。ベルリン上流階級人士の溜まり場，1926年。

◀1927年の『ベルリーナー・ジャーナル』に掲載されたダンス・ティー・パーティーの広告。マレク・ヴェーバー・オーケストラはダンス音楽用に編成されたバンドで，ベルリンでももっとも人気があった。エレクトローラ社のためにこのバンドは，1925年から32年のあいだ，最新の流行曲の入った多数のレコードを吹きこんだ。

一九二七年一〇月、マックス・ラインハルトはドイツ座で『ドロテーア・アンガーマン』の演出にあたった。その初演を見るため、ハウプトマンはベルリンに赴いた。初演が終了したのち、ラインハルトのもとで文芸部員をつとめていたフェーリクス・ホレンダー〔作家、劇評家。ラインハルトのあとを継いでドイツ座監督〕がアレンジした内輪の祝賀会のことを、ホレンダーの甥である作曲家のフリードリヒが回想している。

一一時四五分。声が聞こえてくる……叔父のフェーリクスがドアを開けて手で押さえている。ゲーテが入ってくる。いや本当なのだ！ そうだ彼だ彼だ、いや違う違う！ 彼はますますゲーテに似てくる！ 彼の背後には二、三人の御婦人の顔が見える。いいですか！ 彼の背後にです！ 女官をひき具した不文律の王侯儀礼というわけだ。彼のほうもまた、そんなふうに仕えられることに反対するわけでもない。オリンポスはオリンポスなのだ！ ラインハルトはヴェルナー・クラウスが外套を脱ぐのに手を貸している。その逆ではない！ これまた一種の神聖なる行為というわけだ。ラインハルトはクラウスを必要としている。クラウスもまたラインハルトを必要としている。が、外套を脱がしてもらっているぶんだけその度合いは低いというわけだ。微妙なニュアンス。二人ともこのニュアンスについては承知している。そして二人は微笑んでいる。つづいて入ってくるのは、登場順にその名をあげるなら、ハウプトマン夫人、クラウス夫人、オスカー・ホモルカ〔オーストリア出身の俳優。二七年にハリウッドに亡命してからは映画界で活躍した〕、ゲルトルート・アイゾルト〔ラインハルト門下の女優、演出家。当局の禁止を無視して『輪舞』を上演した〕、フリードリヒ・カ

▲ゲールハルト・ハウプトマンとその妻，および息子のベンヴェヌート，1932年。

イスラー〔俳優、演出家、劇場支配人。ラインハルトと協力〕、そしてヘレーネ・ティミヒ〔女優。悲劇役で有名〕である。

ヘレーネ、ヘレーネ！　シャンペンが手渡される[88]。

ホテル・アドロンでは一九二八年に、ハウプトマンの息子ベンヴェヌートとシャウムブルク＝リッペ王女との結婚式もとりおこなわれた。これについて書き残しているのが、作家で外交官、そして書物愛好家でもあるハリー・ケスラー伯である。彼は客としてハウプトマンにたびたび招待されていた。

「夜、ゲールハルト・ハウプトマンに招かれアドロンで食事。最初はゲールハルト・ハウプトマンとグレーテだけだった。あとから新郎新婦がやってきた。彼女は……実に美しい。アポロの頭をもち、古代ギリシャ風で、隅から隅までいかにも『王女』という感じだ。彼女は、その隣でまさに市民的な風采をしたハウプトマン家から、すっかり浮きあがってしまっている[89]」

こういった描写がハウプトマンの趣味にあわないことはたしかだった。ハウプトマンの趣味にあわないという点では、しばしば無責任に触れまわられた、一九二九年の例の逸話も同じことである。それはこの詩人が『同僚クランプトン』の民衆舞台《フォルクスビューネ》での初演のため、またしてもベルリンに滞在していたときのことだった。ホテル・アドロンから出ようとするハウプトマンにある男が話しかけた。「ゲールハルト・ハウプトマンかい？」「ああ、そうだが」。「俺のことを忘れちまったのかい？」詩人はすこしばかり考えて、申し訳ないがと答えた。これにたいしてこの男は、「もう忘れちゃったのかい？ メトゲだよ。カール・メトゲ。ブレスラウの実科学校で机を並べた仲じゃないか」。ハウプトマンは思案しているようだった。すると、この男は彼の肩を叩いていった。「ところでハウプトマン、卒業以来何年もたつけど、この間いったい何をしていたんだね？[90]」

ハウプトマンよりも頻繁にホテル・アドロンに泊まっていたのはトーマス・マンだった。一九二六年に設立されたプロイセン芸術アカデミー文芸部門の評議会での仕事や、汎ヨーロッパ運動への参加、ならびにさまざまな催しに招待される原因となった彼の演説の才能によって、繰り返しベルリンを訪れることになった。もちろんノーベル賞受賞のための往き帰りの旅の途上、トーマス・マンはアドロンに宿泊した。このホテルで彼は無数のマスコミの代表者、請願者、訪問者を迎えなければならなかった。な

▲ホテル・アドロンの正面玄関前に立つトーマス・マンとその妻カーチャ，1929年。「ストックホルムにおいてノーベル賞を受賞するための旅の途上」と写真家が書きとめている。

んといっても、結局のところ、ドイツ人作家がこの賞を受けたのは一七年ぶりのことであったのだ！この数か月前にはいつものいがみあいが生じ、受賞のほんの数週間前にも、候補者であるマンはいささか自信がぐらついた様子でハウプトマンへの手紙に書いている。

「親愛なるゲールハルト・ハウプトマン殿。……話が受賞のことになっているようですから申しますが、現在広まっているニュースについてはどうお考えでしょうか？ある上級教師の一派――彼らがこのニュースをいいだしたのですが――の宣伝のおかげで、アルノー・ホルツ〔作家、詩人。徹底自然主義の提唱者〕がノーベル賞を受賞するというニュースです。……こういった人間が受賞するなどとはバカげたことですし、またスキャンダラスなことだと思います。そしてもしそういうことにでもなれば、全ヨーロッパがまったく唖然とすることは間違いありません。私情を交えず申しあげますので、ご心配なく。私でしたら暮らしていくことはできますし、たとえば、われらの賢明で重要なリカルダ・フーフ〔女流詩人、歴史家〕にならこの賞を心から贈りたいと思います。しかしホルツには?! そんなことにでもなったら本当に腹立たしいことでしょう(91)」

しかしそうなりはしなかった。受賞の直後からしばらくのあいだ、トーマス・マンはジークムント・フロイトに伝えたように、「世界の群集本能のために破滅的に増大した手紙がもたらす混乱のなかで」生活していた(92)。

一九三〇年の末、フィッシャー出版社から出ているトーマス・マンの『ブッデンブローク家の人びと』の発売部数は一〇〇万部を超えた。若干の通俗作家を別にすれば、一九三三年までの数年間で、このような売行きを示した作品は『ブッデンブローク家の人びと』を除けばひとつしかない。エーリヒ・マリーア・レマルク〔作家。三二年にスイスを経由して、三七年にアメリカに亡命〕の小説『西部戦線異常なし』である。

高級ホテル・アドロンの話となると、新たに舞台に登場するのは「すべてのカフェ文士のなかの永遠のユダヤ人」こと、アントン・クー〔ベルリンを代表するボヘミアン作家。三八年に亡命〕である。彼は一九三〇年末からこのホテルの一室に宿泊し、そこでまた規則的に食事をとっていたが、彼にたいして勘定書が呈示されたことは——もし呈示されたとしても彼には支払い能力などなかったが——一度たりともなかった。この異例ともいえる待遇を、なぜこのホテルの所有者であるルイ・アドロン〔創業者ローレンツの息子。二一年から経営をひきついだ〕が与えるようになったのかについては、彼の妻ヘッダが語っている。

　アドロンにクーがやってきたのは奇妙な賭が原因でした。当時、一九三〇年にアメリカの作家シンクレア・ルイス〔アメリカ人として初めてノーベル文学賞を受賞。『本町通り』などが有名〕がノーベル賞を受賞しました。ストックホルムからの帰り、彼はアドロンに宿泊していました。古くからの常連客である出版人のエルンスト・ローヴォルトが、ルイスをわれわれのところへ連れてきたからでした。ある日、ローヴォルトとルイスがバーにいると、アントン・クーがアドロンに姿を見せました。クーがバーに足を踏み入れるやいなや、ローヴォルトは大声で言いました。「クー、あんたが来てくれたなんて素晴らしい。われわれを助けてくれんかね」

「いかほど御用だていたしましょうか？」クーは精いっぱいの自嘲の念をこめてたずねました。ローヴォルトの笑い声が響きわたりました。「前渡し金を返そうとでもいうのかね？」

　ローヴォルトとルイスとのあいだには、ものすごい量の手紙の山が積みあげられていました。新聞が、このノーベル賞受賞者のベルリン滞在について報じたためでした。ルイスにはこれらの手紙が読めなかったので、かわりにローヴォルトに読んでくれるよう頼みました。さて両者はバーに陣取り、ルイスが封筒を開けると、ローヴォルトがその文面を斜め読みし、それからたいていは屑籠に投げ捨てました。ちょうどクーが姿を見せたので、彼はただちにこの手紙開封のベルトコンベアー式作業工程に組みこまれることになったのでした。しかし、結局この作業はしたたかな酒宴に転じてしまったのです。夜遅くなってローヴォルトとルイスは腰を上げ、あとにはアントン・クーだけが残りました。

最後の一本が空になると、給仕が新たに注文するかどうかたずねました。

「ローヴォルト老人がまた来るまで待つさ」

「それはすこしばかりご無理かもしれません。ローヴォルトさまはとっくに御自宅にお帰りにな

▲エルンスト・ローヴォルト。1919年，彼の手でベルリンに設立された出版社は，ワイマル共和国の出版関係の企業のなかでももっとも文学的に意識の高い会社であった。ローヴォルト社から出版した作家は，ブロンネン，ハーゼンクレーファー，ポルガー，ヘッセル，ファラダ，トゥホルスキーらである。偉大な小説家ローベルト・ムージルもまた，ローヴォルトによって発見され，援助を受けた。ベーネディクト・F・ドルビンの肖像素描，1928年。

られました」と給仕は答えました。

「なんだって？」クーは激昂して言いました。「彼はフランス語で別れの挨拶をしたってわけかい？〔「こそこそと別れの挨拶もせずに立ち去る」の意〕」

給仕は動揺した様子もなく「いいえ、伯爵さま。ローヴォルトさまはお客さまと英語でお話しでした！」と答えますと、ふたたびクーはとり乱しました。空っぽの瓶に目をやりながら「それじゃあ、アドロン氏と話がしたい」と言いました。ルイ・アドロンに事情が伝えられたのでした。


さて、クーは、飲食代の支払いのためにアドロンに狡猾な賭を申しこんだ。その賭とは、彼らが二人とも、ベルリンでも最高の靴屋につくらせた同じ揃いの靴を履くことになり、しかもその両方の靴の代金はルイ・アドロンが支払うはめになるというものだった。そのとおりのことが実際、二、三日後に起こった。クーは二つの会社にそれぞれ一揃いの注文靴をオーダーした。そして、両方の靴をある特定の時間にホテル・アドロンに送ってくれるよう手配した。ホテル・アドロンで、クーは両方の会社からの配達人を待ち構え、二揃いの靴を受けとった。それから彼は、それぞれの会社に靴の片方だけを送り返したのだが、それらの靴をもうすこし広げてほしいこと、手直しした靴は請求書といっしょにルイ・アドロンのところへ送ってほしい旨をいい添えておいた。その結果、ルイ・アドロンは結局、一揃いの靴と二枚の請求書を受けとるはめになったのだった。笑いながらアドロンはクーに、この賭は君の勝ちだと告げざるをえなかった。つづけて、ヘッダ・アドロンはつぎのように語っている。「このようにしてアドロン家とアントン・クーとの友情がはじまりました。それからまもなくして彼は、私たちのところへ移ってきました。クーは宿泊代を払わなくてもよいのですが、そのかわりに、ルイ・アドロンが頼んだときには、比較的親密なお客さまの集まりなどでこの逸話を語るというのが、彼の義務でした[93]」

　高級な食事や宿泊とひきかえるには、この義務はあまりにも高い代償だったのだろうか？「まったく胸糞が悪い」と、その後しばしばクーは、親しい仲間うちに洩らしていたそうである。「まるで宮廷道化師になった気分だ[94]」。いずれにせよこの無鉄砲な冒険ののち、「ロマーニッシェス・カフェ」でのクーの名声は伝説的なものにまでなったのである。

　アドロンと同じくらいエレガントだったのは、ティアガルテン公園沿いのホテル・エデンであった。このホテルは、ベルリン動物園にある大水族館のちょうど真向かいに位置していた。このホテルのバーは、ベルリンのなかでももっともエレガントなバーであったが、夜、作家や芸術家たちが集まることもしばしばだった。スター俳優たちもまた顔を見せていた。彼らは飲み物の料金が高くても、それにひるんだりする必要はなかった。ホテル・エデンのバーには、作家ハインリヒ・マンが友人の俳優アルベルト・バッサーマンと連れ立ってよく姿を見せていた。このバーにはグスタフ・グリュントゲンス〔俳優、演出家。ナチ時代に国立劇場支配人〕が出入りし、エーリヒ・マリーア・レマルクも、その処女作『西部戦線異常なし』がセンセーショナルな成功をおさめたあとでは、常連となっていた。

▲カール・クラウス。ベーネディクト・F・ドルビンの肖像素描，1928年。

詩人貴族ということになると、ウィーン人であるカール・クラウス〔評論家、叙情詩人、劇作家、諷刺作家〕について語らなければなるまい。彼は精神の貴族であった。

クラウスは、一九一七年ごろくらいまでは定期的に誇大妄想狂カフェ《カフェ・グレーセンヴァーン》に現われては、芸術家連中に立ちまじってはいたのだが、二〇年代にはますます孤立するようになり、彼との仲がうまくいかなくなる同業者の数もしだいに増えていった。

クラウスがおこなっていた朗読の夕べ「文学の劇場」は、うたがいもなくベルリン芸術シーンの頂点のひとつであった。この朗読会でクラウスは——一台のピアノの伴奏だけで——自分の作品を、またはネストロイ〔一九世紀前半のオーストリアの歌手、俳優、劇作家〕、ライムント〔おなじく一九世紀前半の俳優、劇作家〕、ジャック・オッフェンバック〔オペレッタの作曲家。フランスに帰化したユダヤ系ドイツ人。『ホフマン物語』が有名〕の作品に手を入れたものを朗読した。ゲオルク・クネープラー〔音楽大学教授。指揮者。三四年英国へ亡命。クラウスの伴奏者としては三一年から三三年まで〕はクラウスの朗読の才能について、つぎのように描いている。

「彼は小さなテーブルに座っていた。テーブルクロスは床まで垂れ下がり、テーブル全体を覆い隠していた。テーブルの上にあるのはテクストだけ。みなが文学の劇場のたったひとりの俳優に集中してい

▲カール・クラウス。ベルリン・モーツァルトホールでおこなわれた，彼の有名な朗読の夕べ「文学の劇場」のなかから，1927年。

た。さまざまな登場人物を、話し方、声域、顔の表情、両手、腕の身振り、上半身の姿勢を使って特徴的に表現していくクラウスの能力は並外れたものであった」(95)

ベルリンで朗読会に出演する以前も以後も、クラウスはライプツィヒ街の高級レストラン、ケンピンスキーのもっとも奥まったところにある彼の常連席にいた。彼が訪問者を迎えるのはこの場所に限られていた。ベルリンのその他の芸術家酒場《ロカール》を、クラウスはすべて避けていた。劇場監督のエルンスト・ヨーゼフ・アウフリヒトはつぎのように回想している。

自分がカール・クラウスであることを人に気づかれずにいることができる、この広々としたレストランのくつろいだ雰囲気のなかで、夕食にクラウスがとる定食はいつも同じだった。ゆでた牛肉、肉汁で煮たジャガイモ、酸漬けキュウリ、氷菓、そして淡色ビールを飲み、最後に濃いコーヒーをとった。彼のテーブルにはたいてい同じ顔ぶれが座っていた。この面々は小娘のようにクラウスに熱狂している男たちで、クラウスの主宰する『炬火《ファッケル》』誌のすべての号を暗唱し、この巨匠を賛嘆しては幸福感で恍惚の状態になるのである。

夜一二時になると支配人がやってきた。テーブルを囲んでいる者たちは勘定を支払い、腰をあげ、終夜営業の別の酒場《ロカール》に、つまり、クラウスを知っている者も、クラウスが知っている者もいないと思われるような別の酒場《ロカール》に赴いた。クラウスが疲れていたり、興味を失っているときには、彼とともに過ごす夜はときおり骨の折れるものとなった。彼はだれかが席を立つことを許さなかった。その大いなる魅力で人を魅きつけていた。[96]

一九二八年三月二五日から三二年一一月一四日までのあいだだけで、クラウスはベルリンでのオッフェンバック朗読会を――ほかの朗読の夕べを勘定に入れなくとも――二三回も開いている。そのような会のとき、彼は連日連夜、ケンピンスキーに陣取っていた。フリードリヒ・ホレンダーも二回ほど（一九二九年と三一年）ピアノの伴奏をしたことがあった。彼はあるリハーサルのことを回想している。

私は、彼がこのちっぽけな部屋の端から端まで歩くのを見ていた。彼はアリアやデュエットの部分を朗誦していた。すべてを暗唱しており、朗読のすみずみにいたるまでパリの生活の息吹を吹きこんでいた。そしておもしろがるような微笑みをちらっと浮かべていた。この微笑みは、朗読の夕べになんども足を運んだことのある私にはすでにおなじみのものだった。

こういった夕べの催しのあとでは、ライプツィヒ街にあるケンピンスキーに小さなグループが集まった。クラウスは壁を背にして、いつも卑劣な襲撃に備えているかのようだった。なぜなら、才知というのは彼の筆が紡ぎだすひとつの側面にすぎず、クラウスの筆がもつもうひとつの側面は「ギャングどもに死を！」与えるものだからだ。彼が話す言葉に耳を傾けるというのは、まさに世紀の一瞬にほかならなかった。なぜなら、それは繰り返されることのほとんどない奇跡なのだから。クラウスはまさに文章のように話した。これほどまでに、「すぐ印刷に回せるほど」完璧にしゃべれる人間がそこらにいただろうか？

クラウスはそんじょそこらにいる人間などではなかったのだ。(97)

第6章

書斎机としてのコーヒー・テーブル

——カフェ・カールトンとカフェ・レーオンほか

▲エーリヒ・ケストナー。1927年，ベルリンにやってきたケストナーの最初の行きつけのカフェとなったのはカールトンである。1927年の写真。

巷間伝えるところの伝説に反して、真面目に仕事をするためカフェにやってくる作家などほとんどいなかったとしても、カフェで書かれた文学的産物はたしかに存在していた。これから紹介したいのは、二人のまったくタイプの異なる作家である。彼らはベルリンの喫茶店《カフェ・ハウス》やレストランのテーブルで、二〇世紀ドイツ文学および世界文学のために永久に残る作品を創造した。その二人の作家とはエーリヒ・ケストナーとヨーゼフ・ロートである。

一九二七年の春、『新ライプツィヒ新聞』の編集者であるエーリヒ・ケストナー博士が、書いたばかりの詩を同紙上で公表しようとしていた。その詩のタイトルは「室内楽名手の夕べの歌」といい、第一節はつぎのようなものであった。

君よ、わが第九交響曲よ！
君がピンクのストライプのシャツを着てるなら……
チェロのように僕の膝のあいだにおいで
そして君の横腹をやさしくつかませておくれ[98]

保守的な編集長は憤激して掲載を拒否した。ちょうどルートヴィヒ・ヴァン・ベートーヴェンの死後百年（一九二七年三月二六日）記念祭がおこなわれており、またこうした詩は風紀に反するものであって、公衆にたいする侮辱にほかならないというのがその理由だった。このことがあってケストナーは、当時『プラウエン国民新聞』の編集者であった学生時代の友人エーリヒ・クナウフにこの詩をあずけたのだが、クナウフは間髪を入れず、だれが見てもそれとわかるエーリヒ・オーザー〔挿絵、諷刺画家〕（かつての学生トリオの三番目のエーリヒ）の素描をつけて発表した。

もちろん、この事実は『新ライプツィヒ新聞』の知るところとなった。まき起こったスキャンダルは申し分のないものだった。ケストナーはクビになった。ベルリンの劇評家としてなら（このフリーの寄稿家のポストがちょうど空席となっていた）、『新ライプツィヒ新聞』とひきつづき契約できる旨が告げられたのである。ケストナーはのちに、この事件を「運命《フォルトゥナ》の女神の足蹴」と名づけた。彼がベルリンへやってきたのは一九二七年の秋のことだった。名の知られた編集者として、そしてとりわけすでに新聞や雑誌に数多くの詩を発表し、ライプツィヒのカバレットのためにも詩を書いていた叙情詩人として、ベルリンに足を踏み入れたのだった。

プラーク街に家具付きの部屋をひと部屋借りると、そこからほど遠からぬところにあるカフェ・カールトンに「叙情事務所」、つまりは常連席を開設した。さしあたってまずケストナーの心を占めていたのは、生活費をどうするかということであった。ベルリンでの編集部巡りがはじまり、主だった文芸欄担当者との接触がおこなわれた。ロマーニッシェス・カフェに顔を出したことはいうまでもない。ロマーニッシェス・カフェでケストナーは、『日記《ダス・ターゲブーフ》』誌の編者であり、週刊新聞『月曜の朝』を経営

▲エーリヒ・ケストナー。素描画家の友人エーリヒ・オーザーとともに。1928年の写真。

していたレーオポルト・シュヴァルツシルトと、ある取り決めをすることに成功した。それはケストナーの詩を毎週一編掲載するというものであった。かなり長期にわたって、毎週土曜日の朝が締切りということに決められた。しかしこの若い詩人は、どこでもこのように親切に扱われたわけではない。後年、ケストナーがしばしば語ったエピソードのひとつに、彼がウルシュタイン社の『ベルリン新聞《ベルリーナー・ツァイトゥング》』編集部をはじめて訪れたときのものがある。そこで文芸欄を担当していたのはエーゴン・ヤーコプゾーンであった。ケストナーが提供した詩は、ヤーコプゾーンの気に入るものではなかった。「われわれの生きている世界は厳しいものだ。この世界では他人の感情などにかまけている暇などないんだよ」。「それに気づいたのが今日なんですよ」とケストナーは溜め息まじりに答えた。「市電のなかで僕の書類カバンを盗んだ奴がいるんですからね」

「そりゃひどい話だ」とヤーコプゾーン。「あんたも気の毒な話だが、いったいカバンのなかに何が入っていたんだね?」「私の書いた詩を全部そっくり入れておいたんです」

「おやおや」とヤーコプゾーンは答えた。「そりゃかわいそうに、泥棒が[99]」

ちなみにケストナーは——と、これまた彼がいつもつけ加えるのだが——、結局そのカバンをとり戻したとのことである。実際、彼はそのカバンを必要としていた。というのも、ライプツィヒの出版社ヴェラーが一巻本のケストナー全詩集の出版を計画していたからだ。

さて、ケストナーは毎日カフェ・カールトンに陣取って、最初の本をまとめあげた。この詩集は一九二八年に『腰の上の心臓』というタイトルで出版された。そして、それから彼はまったく新しい分野の作品を書きはじめたのである。ケストナーの妻ルイーゼロッテ・エンデルレの回想によると、彼の仕事を中断できたのは、コーヒーとベルリン名菓「このうえなくおいしい、芥子《けし》とリンゴのパイ菓子」だけであったとのことだ[100]。

この新しい仕事の計画がもちあがったのは、エディット・ヤーコプゾーンのところに招待されたときのことだった。彼女は、『世界舞台《ヴェルトビューネ》』誌の創設者で一九二六年に亡くなったジークフリート・ヤーコプゾーンの未亡人である。彼女が自宅で定期的に開いていた午後の「世界舞台の茶話会」という催しに、この「小雑誌」で働く者たちやその愛読者たちを招待していたのだ。彼女はまた、青少年向け書籍の出版社ウィリアムの社主でもあった。当時、この出版社から出されていたイギリス人ヒュー・ロフティング作の『ドリトル先生』シリーズが、大当たりをとっているところだった。「児童書を書いてもらいましょう、ケストナーさん」。これが『エーミールと探偵たち』の誕生の瞬間だった。一九二八年の初夏、カフェ・カールトンのテーブルで書きあげられたこの本は、その年の秋に出版され、ケストナーにめざましい成功をもたらしたのである。

ドレースデンでのみずからの子供時代の体験を基礎にしながらも、ケストナーはこのエーミール、ポニィ・ヒュッットヒェン、警笛のグスタフ、泥棒のグルントアイスをめぐる物語の舞台を、一九二八年のベルリン・ノレンドルフ広場の周辺に設定した。それ以降一九三三年までつぎつぎと世に送りだした四冊の児童書のなかで、ケストナーは、二〇年代の終わりごろにしかみられないような子供の類型を創りだした。つまり「自立していて、自意識もあり、利発で、協力的かつ果敢であると同時に、思慮深く大胆不敵に自分の生活をつくりあげていく」タイプの子供である。[101]『エーミールと探偵たち』は映画や舞台作品としても、つづく数年のあいだに有名になった。ケストナーの経済状態はいまや安定したものとなり、もはや編集部に原稿を渡す締切りなど気にせず、叙情詩を書くことに没頭できるようになった。一九二九年一〇月、彼はシャルロッテンブルク地区のロッシャー街にある自己所有の家に移り住んだ。また、専属秘書エルフリーデ・メヒニヒを雇ったが、このメヒニヒは、四〇年以上にわたってケストナーの助手として働くことになる。ケストナーに「忠実なメヒニヒ」としばしば呼ばれた彼女は、女友達のお膳立てによってカフェ・カールトンでケストナーに最初に会ったときのことをつぎのように描写している。

「私たちは、日曜の午前にカフェのテラスまで来るように言われていた。テラスに行くと、彼は仕事をしていた。この光景は、実際のところすこしばかり奇妙に思われた。つまり私は、作家というものは自宅で仕事をしているに違いないものと思っていたからだ。こういうわけで私が目にしたのは、テーブルに座っている華奢で年若い紳士だった。彼は親しげに私に微笑みかけた。互いに挨拶を交わした。私は内気で口数がかなりすくなかった。彼もそうだった。私の友人が話をしていた。そのときケストナーの予言的な言葉が耳に入ってきた。『ぼくが有名になる手助けをしていただけますか？』[102]」

▲映画『エーミールと探偵たち』の一場面。1931年に映画化され，ヒットする。監督はゲールハルト・ランプレヒト。ベルリンの子供たちから追われる泥棒，「山高帽の男」を演じたのはフリッツ・ラスプ。

◀『エーミールと探偵たち』。ヴァルター・トリーアによる本の表紙画。ケストナーのこの最初の児童書はウィリアム社から1928年に出版された。小説原稿の大部分はカフェ・カールトンで書かれた。

ケストナーの詩集『腰の上の心臓』とほぼ時を同じくして、一九二八年、ヘルマン・ケステン〔新即物主義の代表的作家、編集者。三三年に亡命〕の短編集『恋愛結婚』が出版された。この二人の作家はまだそれほど有名でもなく、『エーミール』はこのときにはまだ出版されていなかった。二人は同じ新聞、同じ雑誌に書いていた。その結果、当然のことながら、ケステンとケストナーという名前がとり違えられることもまだ頻繁に起こっていた。このことについて、ヘルマン・ケステンが楽しい話を残してくれている。

当時高名だったある書評家が、私の短編集『恋愛結婚』が出版されたのを機会に、『ベルリン日刊《ベルリーナー・ターゲブラット》』紙に書評を書いた。この書評家によると、この短編集は、私の名前を人びとの記憶にとどめさせた私の詩集『腰の上の心臓』ほどには素晴らしいものではない、とのことであった。

私の本を出版してくれた、年老いたグスタフ・キーペンホイヤーは、彼自身ときおりぼおっとすることがあり、したがって、ぼおっとした人にはひどく寛容なところがあった。彼は『ベルリン日刊』紙の編集者であるフリッツ・エンゲル老に電話して、ケステンの短編集はヘルマン・ケステンが書いたものであり、『腰の上の心臓』はエーリヒ・ケストナーの手になるものであることをはっきりと説明し、紙面で訂正してくれるよう頼んだ。この訂正記事は掲載され、ケストナーが私の短編集と彼自身の詩集の作者であることになった。

ケストナーと私は互いに腕を組み、自分の犯した間違いのために髪が真っ白になってしまったエンゲル老の前に進みでた。われわれ両人がそれぞれ現実的かつ文学的に存在していることを、視覚的かつ聴覚的に彼に納得してもらうためであった。かわいそうなフリッツ・エンゲル老は、ますますひどい混乱に陥ってしまった。最初エンゲルは私のことをケストナーだと思い、それからケストナーを私の本を出したキーペンホイヤーだと考え、さらに私をケストナーの本を出版しているヴェラーととり違え、結局われわれ両人を詐欺師であると判定した。そして彼は私の短編集とケストナーの詩集が本当に存在しているのかどうかすら疑いはじめた(103)。

一九二八年九月末、エーリヒ・ケストナーは『文学事務所』を出版した。カフェ・カールトンで仕事をするようになってから一年後、彼は新しい仕事用のテーブルにその常連席を移した。当時「喜劇人カバレット《カバレット・デア・コーミカー》」は、クーアフュルステンダムとレーニン広場が交差する場所に立つ新築の建物に引っ越していた。その建物は、堂々たる新築ビル「ウニヴェルズム映画館」からほんのわずかのところにあった。新しい機能的建築様式をもつこの新築ビルによって、建築家エーリヒ・メンデルゾーン(表現主義的建築「アインシュタイン塔」で知られる)はベルリンのひとつの文化的頂点をつくりあげることになったのだが、「喜劇人カバレット《カバレット・デア・コーミカー》」の建物もまた、機能的な即物性《ザハリヒカイト》という点では傑出したものである。その二階に入っていたのが、モダンな内装のカフェ・レーオンだった。バウハウス工房が生産した作品群に刺激され、それらを内装に生かしていた。今後は新しい、そこはかとなくメランコリーを漂わせた大都会の叙情詩を書こうとしていたケストナーにとって、このカフェのもつ雰囲気はうってつけのように思われた。ケストナーはやがて、カデコー〔「喜劇人カバレット」の略〕の監督であるクルト・ロビチェックと固い友情で結ばれることになる。月刊の番組予告雑誌『無遠慮御免《フレヒハイト》』にケストナーの最新の詩が掲載された。花形歌手トゥルーデ・ヘスターベルク、女優アネマリー・ハーゼ、あるいはシャンソン歌手ブランディーネ・エービンガーが、舞台でケストナー作のカバレット・シャンソンを初演した。ケステンいわく、「カフェは彼の仕事場である。バーは彼の書斎である。お昼ごろ起きて、朝の五時に床につく。ハンサムで、エレガントでさえある。テニスをやり、またダンスも踊る。劇の初演は欠かしたことがない。彼は多くの文学カバレットの大黒柱なのだ」[104]。ウルシュタイン出版社の編集顧問であるマックス・クレル〔小説家、翻訳家、編集者〕のケストナー評は、つぎのとおり。

「彼の姿を見かけるのはカフェやバーである。ときにカバレットで熱狂している彼の姿もあった。彼は湧きでる詩句を書きとめるためのメモ帳をいつも手にしているか、あるいは彼の心をそのときちょうどとらえて放さない本をかかえていた。たとえばチェスタトン〔イギリスの小説家、批評家。警句や逆説を得意とした〕など。そういった場所で冗談半分のようにして生まれたのが、自由闊達に赤道上を散策する男についての一連の詩句である。こういった無頓着なやり方で、ケストナーの哲学的側面が呼び覚まされたのである」[105]

「カフェ・レーオン」の常連席では、注目すべき叙情詩作品が生みだされた。これらの作品をケストナーは三巻の詩集、『鏡のなかの騒音』（一九二九年）、『ある男が通知する』（一九三〇年）、そして『椅子の間の歌』（一九三二年）というかたちにまとめて出版した。これらの詩からは形式的にも、またその歌われている対象からも新しい響きが聞きとれ、まさに時代の息吹をとらえていた。このケストナーの「実用叙情詩」は大都会の読者から大歓迎された。「会社の課長に帳簿係の女事務員、肉屋の親方に教師の未亡人、ギムナジウムの七年生に編集助手——彼らはみなケストナーの詩句のなかで歌われているのが自分であり、また自分の感じ方や考え方であることを発見した。彼らにとって、『家具付きの部屋に住む間借人の憂鬱』という感情はおなじみのものだった。大都市の孤独やあるいは小都市に住む煩わしさについても、彼らはよく知っていた。彼らの住処《すみか》は歩道にせりだしたカフェであり、終夜営業のバーであった。彼らは事務所に、郊外の通りや『東地区のダンスホール』〔ケストナーは同題の詩の中で、東地区の安手のダンスホールを嘲笑した〕に群がっていた[106]」

▲ケストナーの詩集『椅子の間の歌』のカヴァー表紙としてエーリヒ・オーザーが描いたもの。ドイッチェ・フェアラークス＝アンシュタルト，シュトゥットガルト，1932年。

『ある男が通知する』のなかに「手短な経歴」という詩がある。最後の二つの詩節は、一九三〇年ごろのケストナー自身を叙情詩で表現したものである。

いまや私もほぼ三一
小さな叙情詩工場の経営者
ああ、こめかみの髪の毛はもう灰色だ
私の友達もそろそろ太りはじめている。

嫌われ者でいることが気に入っている
自分たちの座っている枝を鋸で切ってやる
私は感情の庭を通っていく
死に絶えた感情の庭を、そしてその庭に機知という花を植えるのだ。

これより一年前に出版された詩集『鏡のなかの騒音』で、ケストナーは叙情詩のまっただなかに、「散文による中間発言」という、彼の詩をどのように使用するかについての注意書を入れている。

「叙情詩人たちにはふたたび目的ができた。彼らの仕事はふたたび天職となった。叙情詩人という職業は、おそらくパン屋や歯医者ほどには必要なものではないだろう。しかしそれは、空腹やら歯痛といったものが、非肉体的な不調以上にはっきりとその除去対策を必要としているから、という理由にすぎない。それでも実用詩人は、すこしばかり喜んでもいいかもしれない。というのも、彼らには職人たちのすぐ下のランクが与えられているからだ(107)」

偉大なモラリストであるケストナーは、クールにもセンチメンタルにも、そしてアイロニカルにも優しげにも、雰囲気や街路や四季をその詩句で表現した。「堕落した娘」も「ずば抜けて上品な御婦人」も、彼には題材となった。いくつかのきわめて美しい愛の歌がドイツ文学史に連なることができたのは、彼のおかげである。たとえば、クールに見せかけてはいるが深い感動を呼び起こす、あの「即物的ロマンス」がそうだ。これは終わってしまった偉大な愛の物語である。その最終詩節を以下にあげてみよう。

二人はその土地でいちばん小さなカフェに行き
コーヒーカップのなかをかき混ぜていた。
夕方、彼らはまだそこに座っていた。
そこにいるのは彼ら二人だけ。そしてひと言も話さない。
そしてそのことが二人にはどうしても理解できなかった(108)。

時代の出来事や、ますます先鋭化する共和国の危機に直面して、ケストナーはまた鋭い諷刺に満ちた詩句も書いている。彼は国家主義を攻撃してつぎのように歌っている。

もしも戦争に勝ってたら
そうすりゃ天上も国家主義。
牧師は房付き肩章をつけてるだろう。
そして神さまはドイツの将軍というわけさ。

さらに反動的な同時代人を嘲笑って歌う。

連中の体に小さな風穴を開けちまえ！
連中の最後の叫び〔「最新流行」の意もある〕は最新流行。
けれども連中には共犯者が多すぎて、
とてもじゃないが僕らでは、撃ち殺せない。
弾なんぞ当たりっこない。

ケストナーはまた軍国主義も批判する。

君知るや、大砲の花咲く国を。
知らないって？　そのうち知るようになるさ！
その国では支配人《マネージャー》どもが誇り高く、毅然と立っている
彼らの会社で。まるでそこが兵営であるかのように[109]。

この最後の詩は、一九三三年以前の政治カバレットでのヒットパレード・ナンバーでもあった。ゲーテの詩「ミニョン」を借用して変形した、タイトルにもなっている最初の行に関しては、ヴェルナー・シュナイダーが分析してみせている。シュナイダーは一九八〇年代において政治参加をもっとも積極的におこなったドイツ語圏のカバレット芸人のひとりで、その卓越した分析能力を発揮して、ケストナーの叙情詩が今日の「使用」に耐えるかどうかという点について調査した人物である。シュナイダーはつぎのように書いている。「この詩のタイトル、この第一行目は諷刺の方法を模範的に示したものである。古典的な詩の神聖さを汚すこと自体腹立たしいことであり、新たに組みこまれた言葉はその怒りを相乗する。そして文面を新たにした詩行がピッタリ適合したりすると――場合にもよるが――人を激怒させたり、困惑させたりするのである[110]」

一九三一年にケストナーの小説『ファビアン――あるモラリストの物語』が出版されたとき、その読

者たちもまた困惑した。この本は――作者はもともとこの小説のタイトルを『破滅』にしたかったのだが、出版社に拒否された――、三〇年代初頭のベルリンの雰囲気を地震計のように正確に描写している。「最高のモラルをもった不道徳な書」とこの本を『ベルリン日刊《ベルリーナー・ターゲブラット》』で評したのは、ペーター・フラム〔心理学者、作家。出版人ルードルフ・モッセの甥。三三年フランス、三四年アメリカに亡命〕であった。ケストナー自身、このころのことを振り返ってつぎのようにいっている。「この小説は警告を与えようとしたのだ。この小説は、ドイツと、そしてヨーロッパが歩みはじめていた破滅の道に警告を与えようとしたものだ（三）」

ケストナーの書物について語るときには、これらの書物の成功にすくなからず寄与した二人の素描画家について、ぜひとも言及しておかなければならない。ベルリン子のヴァルター・トリーアは、新聞雑誌の挿絵画家、諷刺画家、書籍の挿絵画家として何年も前から売れっ子であった。そのトリーアが『エーミールと探偵たち』の挿絵を担当し、その後のケストナーの児童書の挿絵もすべて担当することになった。『エーミールと探偵たち』の巻頭を飾る、「人物や舞台の紹介のためのイラスト」はちょっとした傑作であった。プラウエン出身のエーリヒ・オーザーは、その陰鬱な、とりわけジョルジュ・グロスをすこしばかり髣髴《ほうふつ》とさせるようなタッチで、ケストナーの詩集にまぎれもなく独創的な挿絵を描いた（のちに彼はE・O・プラウエンの名で、漫画『父と息子』の作者となった）。

彼らはしばしば、二、三人の仲間と連れ立って、カフェ・レーオンで多くの時を過ごした。新しい出版計画や企画やらについて話しあい、そのあとでは「カデコー」に足を運ぶ。ベルリンはエーリヒ・ケ

◀レーオ・ヘラーのベルリン大道芸人歌集のカヴァー表紙，1924年。ヴァルター・トリーアの筆による。1919年からトリーアはベルリンのマスコミで活動し，素描画家として，またイラストレーターとして多忙をきわめていた。彼は雑誌や書籍出版社のために描いていた。そののち1928年からトリーアの名は，ケストナーの児童書に描いたイラストによってベルリンのみならず広く知れわたることとなった。

▲「どこ行くの，ゲッベルちゃん？」エーリヒ・オーザーの諷刺画，1932年。この諷刺画は民主的週刊新聞『新レヴュー』のために描かれた。『新レヴュー』の編集長はゲーロ・フォン・ゴンタルト。この種の政治的諷刺画に手を出すことは，オーザーの場合あまりなかった。1935年から彼はE. O. プラウエンの筆名で絵物語『父と息子』を書き，「アーリア化された」，すなわちユダヤ人従業員を追放してナチ化されたウルシュタイン社お抱えの人気作家となった。

ストナーという「お抱え」詩人を手に入れたのだった。

ケストナーは、ベルリンを一九二七年以来その定住地兼仕事場にしていたのだが、その彼とはまったく異なった仕方でベルリンとの関係を結んでいたのが、ヨーゼフ・ロート〔放浪の作家。日本では『ラデツキー行進曲』が有名。三九年パリの施療院で死亡〕である。東ガリツィアのボロディ出身のこのオーストリア人は、一九二〇年から三三年のあいだにしばしば何か月も、それどころか一年ないし二年の長きにわたってベルリンに滞在していることがあった。とはいえ彼にとってのベルリンは、つねにその落ち着きのない生活のなかのひとつの滞在地でしかなかった。ロートはこういった生活を、パリとウィーン、ブタペストとフランクフルト・アム・マインとのあいだを行き来しながら送っていた。このような生活には「定点」なるものは存在しなかった。ベルリンは、一九二四年から三二年にかけてロートの小説が七編ほど出版された都市であり、この街にはわずかではあるが、彼にとって真の友人と呼べる人たちが住んでいた。この地でロートは、少なくとも「自分の街」ウィーンと同じくらいには、故郷にいるような気分を味わっていた。

ヨーゼフ・ロートは一九二〇年、二六歳のときに妻のフリードゥルをともなって、オーストリアの首都からシュプレー河畔のこの街へとやってきた。ロートの文学的キャリアはジャーナリストからはじまった。ベルリンでは一九二〇年六月三〇日付の『新ベルリン新聞《ノイエ・ベルリーナー・ツァイトゥング》』紙上に、彼の最初の記事が掲載された。やがてまもなく『前進《フォーアヴェルツ》』誌や『ベルリン日刊《ベルリーナー・ターゲブラット》』紙にも、彼の寄稿する記事が登場する。

一九二一年二月から一九二二年まで、ロートは『ベルリーナー・ベルゼン・クリーレル』紙の文芸雑報欄の常勤スタッフになる。そこで記事になった自分の仕事のことを、「不思議な色とりどりのシャボン玉」とロートは呼んでいた。(112) みごとなまでの簡潔さで、きわめて正確な日常観察やスケッチを文字にしていた。

一九二三年、ロートは『フランクフルト新聞《フランクフルター・ツァイトゥング》』の常勤スタッフとなった。この新聞は独自のベルリン編集部をもっており、その文芸欄のデスクであるベノ・ライフェンベルク〔作家。二四年からは『フランクフルト新聞』の編集者〕は、この新聞のために当時一流のスタッフと契約を結んでいた。ロートとならんで、なかでもジークフリー

▲ヨーゼフ・ロート。ロートは，1920年代初頭からかなりの長期間ベルリンで暮らしていた。ホテル・アム・ツォーに居を定めた彼は，そのホテルからわずか数歩の距離にあったクーアフュルステンダム街のマンペシュトゥーベンに通い，そこを仕事，おしゃべりそして酒を飲むための場所にしていた。1929年の写真。

ト・クラカウアー〔作家、文化理論家。邦訳多数。三三年にパリを経て、四一年にアメリカに亡命〕やベルナルト・ブレンターノ〔小説家、評論家。スイスに亡命〕らが「ベルリン・チーム」というわけであった。このきわめて強固な財政基盤をもつ新聞は、ロートをこれにつづく何年かにわたって、全ヨーロッパをめぐるルポルタージュのための取材旅行に送りだした。しかし、ロートはなんどもベルリンに戻ってきた。

ヨーゼフ・ロートはこの街で――ほかの多くの街でそうであったように――けっして住居をもつことはなかった。ホテル住まいをし、転々としていて、定住することはなかった。いちどシュテファン・ツヴァイク〔作家。歴史物を得意とした。全集の邦訳あり。四二年にブラジルで自殺〕に宛てて、彼はつぎのような手紙を書いたことがある。「一八歳になってから自分の家に住んだことはなかった。せいぜい一週間ほど友人のところに客として泊まるくらいのものだった。所有物といえばトランクが三個あるだけだ。そして、これが奇妙なことだとはまったく思っていない。絵だのなんだのが飾ってある家のほうが、むしろ私には奇妙に、それどころか『ロマンティック』にさえ思えるのだ[113]」

ロートがベルリンでいつも泊まるところといえば、クーアフュルステンダム一二五番地のホテル・アム・ツォーだった。そこに彼は住み、しばらくしてホテルの従業員とうちとけた関係となった。ロートの仕事の仕方は並外れて勤勉なものだった。毎日、すくなくとも六時間はペンを握っていた。ただ彼の執筆方法は、たぶん独特なものだったのではないだろうか。ロートの仕事場はカフェかレストランに限られていた。仕事をするときには、かなりの量の強いアルコールを飲んでいた。さらに彼は、執筆するために仲間を必要とした。自分の座っているテーブルで話が弾んでくると、そこではじめてロートは突然その会話から離れ、一枚の紙を引っぱりだして達者で明晰な字体で書きはじめるのだった。ロートからいつも「同郷のお方」と呼ばれていたハンガリー人のゲーザ・フォン・ツィフロ（映画監督、脚本家。娯楽・レヴュー映画、演劇脚本もてがけ、成功をおさめた）は、おなじく「同郷のお方」であったエーデン・フォン・ホルヴァートと一緒に、ロートのテーブルに座ったときのことを報告している。会話の真っ最中に、この詩人は紙を引っぱりだしてつぎのようにいった。「私はこれから仕事をする。諸君は私に構わず話をつづけてくれたまえ」。二人の会話が途切れ、黙ってしまうと、ロートにはその静けさがどうにも気になるらしかった。「もう話すことがないのかい？話のタネが尽きたのかい？ハナスコトガナイノカイ《ケーレム・スツェーベン》？さあ諸君、いい加減に話をはじめてくれたまえ。私は仕事をしなくちゃならんのだ[11]」

ロートがたいていの時間を過ごし、そこで歓談し、グラスを傾け、ペンを握っていた二つの飲食店《ロカール》がベルリンにはあった。それは、クーアフュルステンダム街とシュリューター街の角にある洋菓子店《コンディトライ》シュナイダーと、同じくクーアフュルステンダム街とヨアヒムスタール街の角のレストラン・マンペシュトゥーベンである。この二つのロカールはホテル・アム・ツォーからほど遠からぬところにあり、そのためロートが夜などにひどく酩酊したときでも、帰り道の心配はなかった。

ベルリン子に短く「マンペシュトゥーベン」と呼ばれていたレストラン（本来の屋号は「マンペの応接室」というものだった）は、この街ではライプツィヒ街近くに一軒、クーアフュルステンダム街に一軒あった。これらのレストランには常連以外の客のための長いカウンターと広々とした客室があり、そこでビールと食事が提供された。これらのレストランの小部屋では、あまり人に煩わされることなく座っていることができた。つまり、ヨーゼフ・ロートのような「飲食店労働者」にはうってつけの場所だった。

一九二三年一二月九日、『フランクフルト新聞』にロートが書いたものがはじめて掲載された。一九二四年には、彼の寄稿する文芸欄用の読み物やルポルタージュの数はすでに六五編を数え、そのなかにはかなり長い記事も含まれていた。同じころ二つのマンペシュトゥーベンにあるロートの常連席では、最初の小説『サヴォイ・ホテル』の原稿ができあがっていた。この小説はその公刊前、一九二四年の二月と三月の『フランクフルト新聞』紙上に掲載され、同年秋になってディ・シュミーデ社から単行本として出版された。この出版社の原稿審査係主任であるルードルフ・レーオンハルトとヨーゼフ・ロートは友人だった。ロートにとって、この小説の出版を祝う理由は山ほどあった。いまや、生まれてはじめて、これまでよりはすこしばかり多めの金を稼ぐことができた。そして、その金をたちまち浪費してしまった。ロートという男は、金の扱い方が一生涯を通じて下手であった。ベルリンの友人たち、たとえば、ルートヴィヒ・マルクーゼ〔哲学者、文学史家、ジャーナリスト。三三年に亡命〕やアルフレート・バイエルレ〔左翼演劇の俳優。のちにリーフェンシュタールの映画にも出演〕、それに一九二七年からはヘルマン・ケステンもこれに加わるのだが、彼らがしばしば報告するところによると、ロートは彼らに気前よく贈り物をし、酒場《ロカール》に居合わせた者たち全員に酒をおごり、ホテルの守

▲ロートの小説『サヴォイ・ホテル』（ディ・シュミーデ社）のためにゲオルク・ザルターが描いた本の表紙絵，1924年。

衛に王侯のごとくチップをはずみ、その結果とうとう文字どおりの一文無しになってしまうのである。

仲間たちのあいだで交わされる活発な議論や、まったく個人的な会話のなかでも、ロートはホラを吹いたり、物語をつくりあげたり、とりわけ自分自身のこととなると、好んで夢と現実をごちゃまぜにした。「ロートは生まれついての語り手として、人間や物語を味わい楽しんだ。即興でこのうえなく魅力的な物語を語って聞かせた。飲み、話し、物語り、コメントをつけ加え、冗談を飛ばし、それどころか彼の沈黙さえ饒舌であった(115)」と、ケステンは回想している。作家であり編集者でもあるベノ・ライフェンベルクは、ロート「現象」についてつぎのように書いている。

「ロートは本物の詩人だった。彼は、自分の創造した登場人物たちが自発的に行動しはじめるのを驚きの目で見ていた。彼の周囲には、彼自身が生命を吹きこみつくりあげた精霊たちが群がっていた。そのようにヨーゼフ・ロートは物語ったのだ。彼の心のなかに幽霊のように立ち現われた人物群を、彼は自分の小説という舞台に登場させ、そしてそれ以後、その人物たちは彼とともに生き、兄弟のごとく彼とは切り離せない存在になるのである(116)」

あるときロートは、同じテーブルを囲んでいた仲間たちにぞっとする話を語って聞かせたことがあった。それは、彼がチェコの戦争捕虜として体験した飢餓、不安、そして死の危険についての話だった。のちに出版された彼の小説『果てしない逃走』にも、この話は登場する。「そのテーブルにはエーゴン・エルヴィーン・キッシュも座っていた。根っからの報道記者である彼は、つぎのプラハ滞在のおりにこの事実関係を文書館で調査してみようと決心した。その後彼らが再会したとき、キッシュはこの作者をとっちめた。『第二一狙撃兵部隊の公文書には、戦争捕虜ロートという名前なんか出てこないぜ！』打ちひしがれたロートはそれが自分のつくり話だったことを認め、『もう二度とこの話はしないぞ！』と宣言した。が、そのすぐあとで『あんたのいるところではな、キッシュ！』とつけ加えたのである(117)」

ロートが洋菓子店《コンディトライ》シュナイダーや同様にマンペシュトゥーベンでも有名だったのは、彼がとくに好んで語ったユダヤ・ジョークのゆえであった。しかしジョークを語ったつぎの瞬間には、出し抜けに自分の書きものに戻っていくことができたのである。ロートは容赦のない文章家だった。彼にとっていちばん我慢ならないのは、言葉をいい加減に扱うことである。のちにニューヨークのレオ・ベック研究所の所長となる、甥のフレート・グルーベルにロートはあるときつぎのようにいったことがある。「フランスでは、地方新聞の編集見習いですら古典的なフランス語を書かなくてはならない。これとは反対にドイツでは、ヤーコプ・ヴァッサーマン〔ユダヤ系の小説家。『ジンプリチシムス』誌の編集者でもあった。センセーショナルな題材を扱った〕なる男がお世辞たらたらの文章を書き、ドイツ語を大混乱に陥れている。そして、彼のような人物が大詩人とみなされているのだ(118)」

まわりには友人たちや仲間たちがにぎやかに集まっていたにもかかわらず、ロートは本当のところはきわめて孤独な人間だった。「私には『仲間の連中』がいると、もしあなたがお考えなら、それは間違っておいでです。私はさまざまな人びとに出会いますが、それは路傍の石ころや樹木に出くわすのと同じことです。私は放浪者なんです。私には友人も知人もおりません」と、ロートは痛ましげに書いている。ルポルタージュのため、一九二六年にソ連を何週間にもわたって旅行したときには、「私の孤独はとてつもなく大きく、支えることなどできはしない」というメモを残している[119]。

一九二九年、妻フリードゥルをベルリンのヴェストエント精神病院に送りこまなければならなくなったとき、ロートは深刻な危機に陥った。これまでよりも頻繁にアルコールに手を出し、金はまたしても底をついていた。ルネ・シッケレ〔詩人、作家。アルザスに生まれたこともあって、独仏関係に心を砕いた。ナチの時代には国外追放〕に宛てた一九三〇年一月のロートの手紙は、心を揺さぶるものがある。「今日まで八冊の本を出し、一〇〇〇以上の記事を書き、この一〇年というもの毎日一〇時間働いてきた。そして今日、毛も歯も抜け、性的能力も喜びというもっとも素朴な感情さえも消え失せ、おまけに、ほんの一か月でさえ金の心配をせずに暮らすことすらできはしない[120]」

それでもロートはこの時期、これまでの小説のなかでは最長の小説『ヨブ』を執筆するために、大量の原稿用紙と格闘していた。彼は当初、この小説を出してくれる出版社を見つけることができなかった。ディ・シュミーデ社はもはや存在していなかったからだ。ロートは新たに出版社とのコネクションをつくろうとした。そのなかには、マックス・タウが原稿審査係主任をつとめるブルーノ・カシーラー社があった。タウの報告によると、ある晩のことロートがマンペシュトゥーベンから社に電話してきたのだが、その理由というのが、もはや自分は飲食代を支払うことができないからというものだった。

▲ヨーゼフ・ロートの小説『ヨブ』のキーペンホイヤー社の広告，1930年。

「ある晩、私は電話口に呼びだされた。……私とロートの会話を小耳にはさんだカシーラーが口を開いた。『いいですかな、私は強く抗議しますぞ。私が二日前に君の給料を引き上げたのは、いまからヨーゼフ・ロートを――わかってる、わかってる、彼は偉大な詩人だとも――マンペシュトゥーベンから請けだすためではないんですぞ』。私はこのカシーラーとのやりとりには、もはやほとんど注意を振り向けてはいなかった。繰り返し私は時計に目をやった。マンペシュトゥーベンが閉まる二、三分前に私はそこに到着し、それからケッペン〔ヴォルフガング・ケッペン。小説家、評論家、民衆舞台の脚本家。三四年に亡命〕とロートの座るテーブルに合流した」(121)

しかしこの作品を出版するよう、カシーラーを説得することはできなかった。ロートのこの絶望的な状況に終止符を打ってくれたのは、当時キーペンホイヤー社で原稿審査係をしていたヘルマン・ケステンだった。ケステンはこの作品を、グスタフ・キーペンホイヤーのところで押し通したのだった。一九三〇年春、『ヨブ』は出版された。おりしも、グスタフ・キーペンホイヤーの五〇歳の誕生日が目前に迫っていた。出版社の建物はアルトナ街にあったが、この誕生日のお祝いはそこで盛大におこなわれた。招待客のなかにはヨーゼフ・ロートも入っていた。グスタフ・キーペンホイヤーのためにたった一部だけ印刷された祝賀年鑑に、ロートもまた寄稿していた。ブレヒトからカイザー、フォイヒトヴァンガー、トラー、メーリング、そしてアルノルト・ツヴァイクにいたるまで、この出版社の社主に祝辞を述べるお抱え作家たちのリストは三四名にものぼった。ロートは、アンナ・ゼーガース〔小説家。三三年に亡命。戦後は東ドイツで文名を確立〕とともにこの出版社の「最年少者」であった。なにしろキーペンホイヤー出版社からははじめ

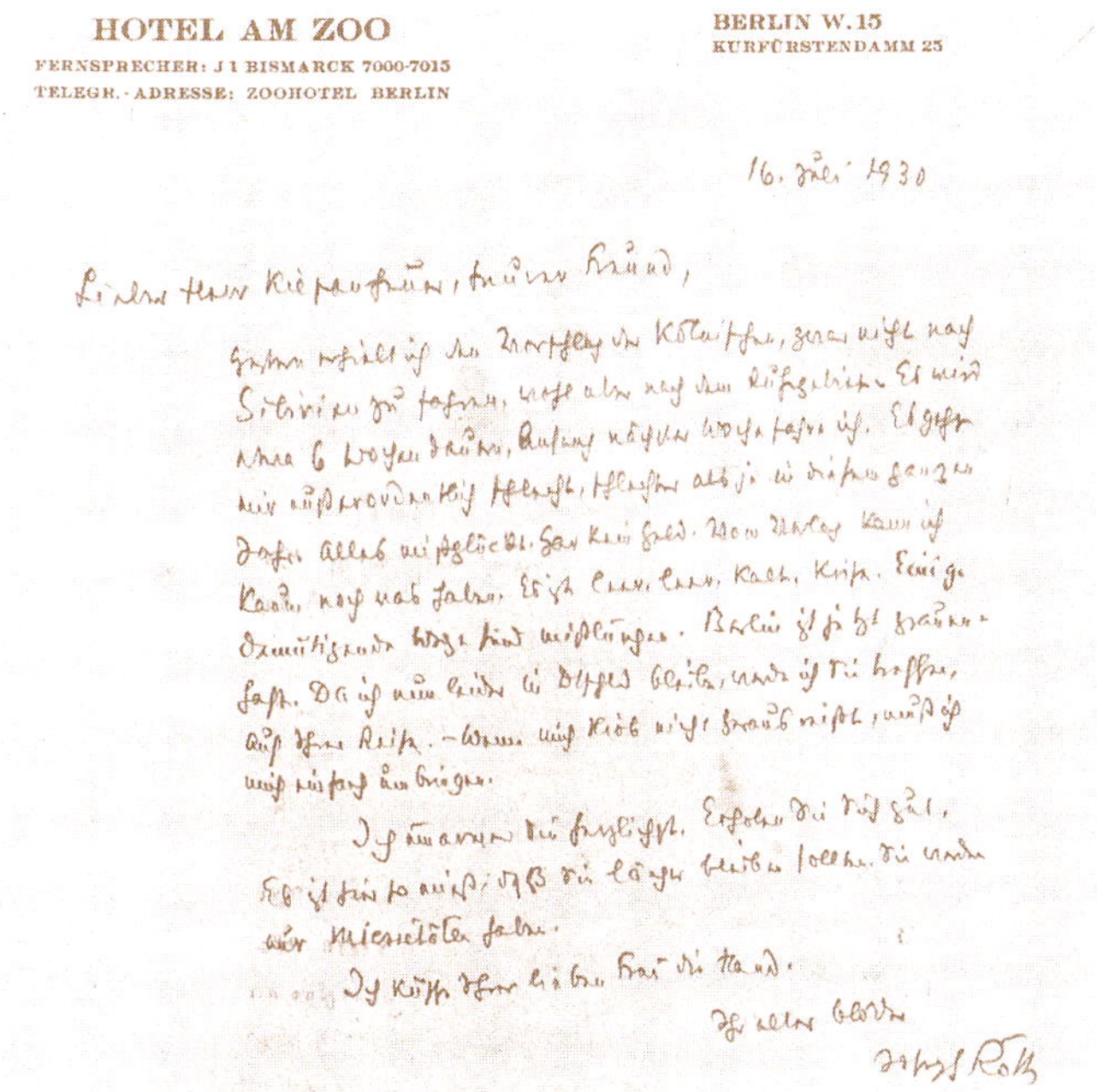

HOTEL AM ZOO
FERNSPRECHER: J 1 BISMARCK 7000-7015
TELEGR.-ADRESSE: ZOOHOTEL BERLIN

BERLIN W.15
KURFÜRSTENDAMM 25

16. Juli 1930

▲1930年７月16日付，出版人グスタフ・キーペンホイヤー宛てのヨーゼフ・ロートの書簡。「えらくひどい目にあっています。今年のなかでも最悪というわけだ。なにもかもうまくいかないし，金は一文もない。出版社から前借りできる見込みはほとんどない。空っぽだ，空っぽ。寒い。危機というやつです。(中略) もし『ヨブ』が私を窮地から救ってくれなければ，さっさと自殺するほかありません」

▲ヨーゼフ・ロートとキーペンホイヤー社の原稿審査係ヴァルター・ランダウアー。ベルリンにて，1930年。

て、彼の作品が出版されたところだったのだから。寄稿したロートの文章は、それだけいっそう心のこもったものであった。

「……（キーペンホイヤーには）金銭感覚がまるでない。この特性はわれわれ二人に共通したものである。彼は私の知るなかで、もっとも騎士道精神にあつい人物である。かくいう私もそうである。その精神を、彼は私から受け継いだのだ。彼は私の本のせいで損害をこうむっている。私もまたしかり。彼は私のことを信じてくれている。私も信じている。彼は私の成功を待ち望んでいる。私もそうである。彼はきっと後世に名を残すだろう。私もきっとそうなるだろう」(122)

さて、ヨーゼフ・ロートがベルリンに頻繁に滞在していた一九三二年までの二年間に、彼はその芸術的頂点を迎える。彼は『ラデツキー行進曲』を書きはじめていた。グスタフ・キーペンホイヤーは力の及ぶかぎりこの詩人を援助した。のちになって、キーペンホイヤーはロートについて書いている。

マンペにいる白い牡猫が彼の原稿用紙に戯れ、前足で原稿を投げ散らかす。その柔らかい毛皮を、彼は別に腹も立てずに撫ぜている。

ヨーゼフ・ロートは私のところの作家たちのなかの貴族である。彼がたそがれどきに私のところへやってきて、ほっそりとした白い手を上着のなかに入れ、メモ帳から青い何枚綴りかのメモ用紙や、あるいはミシン目の入った紙切れをとりだすとき、その動作はある種の厳粛さをもって、そしてみずからの仕事にたいする尊敬の念をもっておこなわれた。なぜなら、この小さな紙切れには、彫ったように書かれた繊細な字体で、その日の成果が記されていたからだ[123]。

一九三二年秋、政治的暗雲がすでにベルリンの空を覆いはじめていたころ、この小説はキーペンホイヤー社から出版された。それからほんの三か月後の一九三三年一月、もういちどロートとツィフロはベルリンで会うことになった。このときのことをツィフロが書きとめている。

「ロートと会ったのはカフェ・ヘスラーだった。いつもならロートが出入りしないような飲食店《ロカール》だった。そのことをたずねると、ロートは、『ユダヤの豚』であるとか『ユダヤのごろつき文士』などと書かれた何通かの脅迫状が送られてきたと語った。……さらに彼は、数日したらドイツを永久に去るつもりだと語った。この会話がおこなわれたころ、ヒトラーはまだ首相の地位には就いていなかった。ヒンデンブルク〔共和国大統領〕はまだ授権法に署名してはいなかった[124]」

終章

黄金時代の終焉——精神の大脱出《エクソダス》

„Leise flehen meine Lieder,
Was vorbei ist, kommt nicht wieder —
— — — — — — — — — —
Meinem Affen gebe ich jetzt alleine Zucker.“

▲1933年，ナチの連中はこのようにトーマス・マンを嘲笑していた。この素描家が煽動的に描いているユダヤ系創造的精神の持ち主たちのなかには，カール・マルクス，アルバート・アインシュタイン，リオン・フォイヒトヴァンガー，アルフレート・ケルおよびアルフレート・フレヒトハイムらの顔が見てとれる。国民社会主義ドイツ労働者党《ナチス》の週刊諷刺新聞『イラクサ』（*Die Brennessel*）からの諷刺画。

一九三三年、イギリスの若手作家クリストファー・イシャーウッドは、英語教師としてベルリンに住んでいた。自分の体験をもとにして書いた物語『ベルリン日記』（これは、のちに世界的大成功をおさめるミュージカル『キャバレー』のモデルのひとつでもある）を読むと、ファシストたちが権力を握ってから一週間後のロマーニッシェス・カフェの様子が目にとまる。

私は毎晩、記念教会堂《ゲデヒトニスキルヒェ》のそばの大きな、半分くらいしか席のうまっていない芸術家カフェに座っている。そこでは、ユダヤ人や左翼系のインテリたちが大理石のテーブルの上で額を集めては、低い声で不安げに話しあっている。多くの者たちは、自分たちの逮捕が目前に迫っていることをはっきりと知っていた。たとえ今日でなくとも、明日か来週には逮捕されるのだ。ほとんど毎晩のように突撃隊《エス・アー》がカフェにやってきていた。

今日の午前中、ビューロウ街をぶらぶら歩いていると、ちょうどナチの連中が無名の平和主義的作家の住居に押し入るところに出くわした。連中はトラックをもってきており、そのトラックにこの作家の本を積みこんでいた。運転手が群衆に向かって、馬鹿にした口調で本のタイトルを読みあげた。『戦争は繰り返すまじ』と彼は大声で告げ、さも胸糞が悪そうに本の表紙をつかんで、それを高く掲げた。見るも汚らわしい爬虫類ででもあるかのように。その場にいた者たちの笑い声がどよめいた。

私は自分の顔を、とある商店のガラス窓に映してみた。そして自分が微笑んでいるのを見て愕然とした。天気がこんなにもいいと、どうしても微笑んでしまうのだ。市電はいつものように、クライスト街を登っては降りていく。いや違う。いまとなっても、あいかわらず私には、これらすべてのことが終わって過ぎ去ってしまったとは信じられないのだ。(125)

「いまとなっても、あいかわらず私には……信じられない」というイシャーウッドの言葉は、また多くのドイツの芸術家たちの態度をもきわめて正確に言い表わしている。たしかに作家やジャーナリスト、画家たちは、おそくともナチ党が一九二九年から三〇年にかけて以来、大衆運動へと膨張して以来、深刻な憂慮の念をもってこの政治的動きを追跡してはいた。しかし実際の危険を正しく評価していたのは、ほんのわずかな者たち、たいていは共産主義者たちだけであった。

共和国の存続を憂慮する左翼市民的・民主的勢力――たとえばカール・フォン・オシエツキー〔平和主義者、『世界舞台』誌の編集長。ノーベル平和賞を獄中で受賞。三八年に獄死〕と『世界舞台《ヴェルトビューネ》』誌周辺の作家グループ――の攻撃は、ファシストよりも、むしろ隠蔽された軍国主義や階級差別的司法のほうに向けられていた。彼らファシストたちの存在は、一九三一年にいたっても真剣に議論されることはなかった。芸術家カフェのテーブルでは、ファシストたちのプロパガンダのもっている原始的・煽動的な性格をネタにして、ヒトラー、ゲーリング〔ナチ突撃隊長、帝国元帥〕、ゲッベルス〔ナチの宣伝相、文化担当、ベルリン大管区長〕といった連中を機知豊かに、シニカルに茶化すことが圧倒的に多かった。

ファシストたちは、文筆業界の多くの人間にとってみれば、なんといっても「たいしたことはない」存在であった。とはいえ、のちのファシストたちによるテロルの綱領であるヒトラーの『我が闘争』は、すでに一九二六年以来書店の店頭に並んでおり、一九三二年末にはその発行部数が一〇万部を超えていたのだ！　しかしそういったことについて、ロマーニッシェス・カフェでもシュリヒターやシュヴァンネッケでも、真に真面目な議論がおこなわれることはなかった。というのも、ほとんどの人間が、ドイツでは政治権力がファシストたちの手に移るなどとは考えてもいなかったからである。

一九三二年末の時点で、自分たちの将来の運命、つまり亡命という運命を実際に予見していた芸術家の数はほんのわずかなものであった。この少数の芸術家に属していたのがレーオンハルト・フランクである。彼については、俳優のフリッツ・コルトナーがつぎのように回想している。

「当時、レーオンハルト・フランクと私は映画の脚本を書いていた。この仕事について話をするため、われわれはある晩、ほかの連中とは離れたところに座っていた。私は脚本のことを話題にしようとしたのだが、彼はとり乱していて、そんな話をするどころではなかった。『僕がもしユダヤ人なら、明日にでもここを立ち去るがね』と彼は低い声でゆっくりと、しかしきっぱりとした口調でいった。『で、あなたはどうするんですか？』私はたずねた。『ぼくはあさって出ていくさ』彼は微笑んだ。その夜われわれは、ホテル・エデンからハーレン橋までの道をなんども行ったり来たりした。フランクは、亡命が避けられない、という言葉を口にしていた」[126]

「あいかわらず私には信じられない」というイシャーウッドの言葉の特徴を示しているのは、ヒトラーが政権についた一九三三年一月三〇日のあとで、亡命する決心をただちに固めた芸術家がほとんどいなかった、という事実である。多くの芸術家たちはいまだにベルリンにとどまっていた。この「ヒトラー幽霊騒ぎ」(ブレヒト)を終わらせてくれるようななにかが、それでも起こるのではないかと期待して待ちつづけようとした。一か月足らずののち国会議事堂が焼け、その同じ夜に最初の大規模で波状的な大量逮捕がファシストたちによって開始されたとき、ようやくほとんどの芸術家たちは、自分たちがドイツにとどまれるのももはやそう長くはないことを、最終的に――そして苦痛に満ちて!――理解したのであった。ルートヴィヒ・マルクーゼは多くの仲間を代弁して、国会議事堂放火事件のあった夜のことを報告している。

ヨーゼフ・ロート、小説家のエルンスト・ヴァイス、そして私は、ザヴィーニ広場駅近くの、クーアフュルステンダム街にあるマンペシュトゥーベンにいた。給仕が――この給仕はローヴォルトにとてもよく似ており、くわえて美しいバリトンの持ち主だったが――われわれのテーブルに来て言った。「国会議事堂が火事です。たったいまブランデンブルク門から来たタクシーの運転手が、その火事を見たそうです」。私は電話のところに行き、夜勤をしている友人の編集者に電話でたずねた。それから私は、酒場《ロカール》のなかに向かって叫んだ。「国会議事堂が燃えているぞ」。……その翌日、オシエツキー、ミューザーム、そしてほかの多くの友人たちが逮捕された。
私はアンハルト駅まで行った。われわれはほんの二つ、三つ先の駅までしか行かないような素振りをしてみせた(127)」

マルクーゼと同様に、何百人もの作家やジャーナリストがドイツを去っていった。比類なき「精神の大脱出《エクソダス》」であった。いまや彼らの筆は、外国からファシストたちに向けられることになった。彼らがよりどころとしたのは、『新世界舞台《ノイエ・ヴェルトビューネ》』誌、『新日記《ノイエス・ターゲブーフ》』誌（これらは以前ベルリンで発行されていた雑誌の継続誌である）、あるいは新たに発刊された『反攻《ゲーゲンアングリフ》』、『新ドイツ誌《ノイエ・ドイチェ・ブレッター》』などであり、後者の綱領はすでにそのタイトルに定式化されている。まっとうな作家でドイツに残った者はごく少数であり、彼らはいわゆる内的亡命〔ドイツ国内にとどまりつつ、亡命者たちと同じ精神を保持する態度〕をすることになる。エーリヒ・ケストナーも、それら少数の作家たちのうちのひとりであった。

ゴットフリート・ベンやアルノルト・ブロンネンのように、期間の長短はあれ、ナチと折りあった作家たちも若干はいた。しかし彼らもまた、のちには戦う相手を変えた。いまやドイツで指導的役割を果たしているのは、国家著作院によって唱導された「民族的文学」であった。その存在だけでロマーニッシェス・カフェの雰囲気をつくりあげていた偉大な精神の持ち主たちは、もはやいなかった。こうして、このカフェが一九一八年までそうであったような無意味な存在に立ち返ったことを、あらためていう必要はないだろう。

一九三三年に二七歳であった詩人ヴォルフガング・ケッペン〔小説家、脚本家でもある。五一年以降、本格的にカムバックした。三四年に亡命〕は、ベルリン降伏の直後に書かれた鮮明なテクストのなかで、常連客たちがいなくなったあとのロマーニッシェス・カフェの、ほとんどぞっとするような情景を描きだしている。

「……そして彼と私は、つまりわれわれはテラスと喫茶店《カフェ・ハウス》がなくなっていくのを、このカフェが荷物のように積みこんでいた精神とともに消え去ってしまうのを、はじめから存在していなかったかのように無へと解体していくのを見ていた。そして小旗のパレードがくりだしてきた。ナチズムの運動は教会へ向かっていき、あるいは教会の、または映画館のなかへと入っていった。どこであれ、違いはなかった。ナチズムの運動は教会で歓待され、祝福を受け、映画館では賛美されたのだから。ユダヤの教会堂が燃えていた。この都市が炎上する前に燃えあがった最初の光である。このカフェの客たちは全世界に散らばるか、あるいは捕らえられ、殺され、自殺し、もしくは身をかがめて依然としてカフェのテーブルに月並みなものを読みながら座り、お目こぼしにあずかっているマスコミと大規模な裏切りとを恥ずかしく思い、そして互いに言葉を交わすときには、ささやき声を使っていた……[128]」

作家のヴォルフガング・ゲッツ〔三四年まで映画検閲局参事官〕は、ナチと折りあいをつけていた常連客のひとりだが、彼[129]はベルリンの著名な芸術家酒場《ロカール》のいくつかに関する思い出の記録を、一九三六年にベルリンで公刊した。この薄い小冊子は、自己否定と隷属を示す典型的なドキュメントである。カフェ「誇大妄想狂《グレーセンヴァーン》」

の章には、当然、ユダヤ人も亡命者も登場してはならなかった。その結果、ゲッツが何ページにもわたって書いたのは、シュミートやポッペンベルク〔随筆家。一五年に自殺〕などの周辺の人物たちについてであった。ミューザーム、ラスカー＝シューラー、ヴァルデン、デーブリーン、そしてすべての偉大な人物たちについては一言もふれられていないかわりに、ナチに寝返ったハンス・ハインツ・エーヴァース〔作家、劇作家。三一年にナチ党に参加。ヒトラーの依頼で伝記小説『ホルスト・ヴェッセル』を執筆した。四〇年に発禁処分を受ける〕にたいする、ごてごて飾り立てたお世辞が書かれている。ロマーニッシェス・カフェは、二〇年代についての章では、ほとんどまったくといってよいほど登場してこない。このカフェの「住人たち」は、実際のところほとんど全員が亡命してしまっていたからだ。そのためゲッツは、ベルリンの本来の芸術家カフェとはビール酒房プショルのことであった、などというでっちあげをせざるをえなくなっているのである。ヴィクトーア・クレンペラー〔ユダヤ系の言語学者。大戦中の経験をもとに著作を書いた。邦訳あり〕が定式化してみせた古典的概念（LTI〔リングア・テルティ・インペリ「第三帝国の言語」〕）を少しばかり変えていえば、リブリ・テルティ・インペリ（第三帝国の文学）ということにでもなろうか。

マスコミや文学の世界とは異なった様相を示していたのは、演劇と音楽の領域であった。この領域では、「非政治的」な（と自分たちは思っていた）芸術家たちが圧倒的に多く、彼らはベルリンにとどまっていた。この状況は、一九三三年四月に職業官吏法が公布され、この職業に就いていたすべてのユダヤ人が解雇されたときも変わらなかった。ベルリンでのオペラ、コンサート、劇場経営は、ほぼ一九三七年にいたるまで、以前とほとんど変わらぬ輝きをみせていたのである。

国立オペラ劇場はかつてと同様、堂々たる初演の催しに人びとを招いていた〔何人かのユダヤ人の歌手や音楽家が姿を消していたが、そんなことに気がつく者はいなかった〕。ドイツ座や国立劇場では、ユダヤ人の前任監督であるラインハルトやイェスナーと「交代」したヒルペルト〔俳優、演出家。ナチ時代、および戦後も劇場支配人などとして活躍〕やグリュントゲンス〔メフィスト役で有名。ナチ時代に国立劇場支配人〕のそばで、ケーテ・ドルシュからハインリヒ・ゲオルゲにいたる偉大な俳優たちが麗々しく行進していた。バッサーマン、コルトナー、あるいはエリーザベト・ベルクナーは、もはやそこにいなかったが、だからといってこの豪華な雰囲気に影をさすわけでもなかった。

こうすることで、彼ら芸術家たちがたしかにナチの文化的宣伝の役に立っていたこと、ゲーリングとグリュントゲンスが、ヒトラーとフルトヴェングラー〔ベルリン・フィル指揮者〕が、そしてゲッベルスとゲオルゲ〔シュテファン・ゲオルゲ。詩人。予言者風の身振りで強力な影響を及ぼした〕が一緒にポーズをとっている写真が、ドイツで実際に起こっていることを巧みに揉み消すために利用されていたこと、こういったことを関係者の多くは長いあいだ見抜くことができなかった。それは、リヒャルト・シュトラウス〔大戦間期を代表する作曲家のひとり。『ばらの騎士』など〕やゲールハルト・ハウプトマンといった芸術家たちにいたるまで同様であった。

とくに悲しく思われるのは、この何年かのあいだに多くの偉大な俳優たち、たとえばエーミール・ヤニングスやヴェルナー・クラウスといった人たちが――もはや「そうとは知らずに」おこなってしまったのだ、などとは弁解できないのだが――、『世界に告ぐ』や『ユダヤ人ジュス』といった最低のナチ映画に加担していたことである。

▲アンナ・ゼーガース（右）。エーゴン・エルヴィーン・キッシュ，その妻ギスルとともに。1939年，パリの亡命者カフェにて。この年からまもなくしてヨーロッパで大戦が勃発し，彼らはふたたび亡命せざるをえなくなる。こんどの亡命先はメキシコだった。

このようなしだいで演劇酒場《ロカール》には、毎晩あいも変わらず人があふれていた。シュヴァンネッケやメンツ女将のところでじっくり観察する者だけが、昔の常連客の姿が間引きされたように消えていることに気がついたのだった。

ベルリンは二、三の芸術の領域で、まだほんの数年間はいつわりの輝きを保っていた。しかし、それも一九三七年ごろからは、イデオロギー面での戦争準備に芸術を「徴用」するという時代がつづくことになるのである。

しかしながら、かつてのベルリンの最良のメンバーたちは、一九三三年以後は全世界に散らばって自分たちの作品を生みだしていた。本書で言及された作家やジャーナリストのほとんどの者たちが、そのなかに入っていた。ブレヒトからツヴァイク、キッシュからケル、マン兄弟からデーブリーン、ホルヴァートからロートにいたる作家たちである。ホルヴァートとロートは、彼らの仲間の何人かがそうであったように、亡命地で悲劇的な死を迎えた。

そして、いまやまたしてもこれらの人びとは、プラハとパリの、ニューヨークとメキシコ・シティのあいだにあるカフェで、ビストロで、コーヒーショップで、そしてレストランで席を温めていた。そのとき異国のカフェのテーブルで、つぎの言葉がいったいいくど発せられただろうか。「まだ覚えているかい、あのころロマーニッシェス・カフェで……」

原　注

(1) Hermann Kesten: *Dichter im Café*. Berlin (West) 1960, S.7.

(2) Max Tau: *Das Land, das ich verlassen mußte*. Hamburg 1961, S.165.

(3) Umfrage: *Wir gehen ins Café, weil*... In: Hamburger Illustrierte, 11/1930, S.5.

(4) Carl Zuckmayer: *Als wär's ein Stück von mir*. Frankfurt a. Main 1966, S.311, 314.

(5) Heinrich Mann: Die geliebte Stadt. In: *Theater der Welt. Ein Almanach*. Berlin 1949, S.16.

(6) Ödön von Horvath: Ich liebe die Stille. In: *Materialien zu Ödön von Horvath*. Frankfurt a. Main 1970, S.184.

(7) Bertolt Brecht: An die Nachgeborenen. In: *Gesammelte Werke. Bd. 9*. Frankfurt a. Main 1967, S.725.

(8) *20 Jahre Café des Westens*. Berlin 1913, S.22.

(9) Peter Edel: *Wenn es ans Leben geht. Bd. 1*. Berlin 1979, S.33.

(10) Tilla Durieux: *Eine Tür steht offen*. Berlin 1954, S.107.

(11) Hans Ostwald: *Berliner Kaffeehäuser*. Berlin 1905, S.64.

(12) *20 Jahre Café des Westens*. Berlin 1913, S.24.

(13) Else Lasker-Schüler: *Mein Herz. Ein Liebesroman*. München 1912. Zit. nach: *Gesammelte Werke. Bd. 2*. München 1962, S.297.

(14) Ludwig Meidner: *Dichter, Maler und Cafés*. Zürich 1973, S.34f.

(15) John Höxter: Ein Tag im Café des Westens. In: John Höxter: *So lebten wir. 25 Jahre Berliner Boheme*. Berlin 1929, S.38f.

(16) Erich Mühsam: *Unpolitische Erinnerungen*. Berlin 1958, S.78.

(17) John Höxter: *So lebten wir. 25 Jahre Berliner Boheme*. Berlin 1929, S.10ff.

(18) Zit. nach: Géza von Cziffra: *Der Kuh im*

Kaffeehaus. München 1984, S.53.

(19) Max Krell: *Das alles gab es einmal*. Frankfurt a. Main 1962, S.19.

(20) Leonhard Frank: *Links wo das Herz ist*. Berlin 1967, S.82f.

(21) Leonhard Frank: Worte des Gedenkens. In: *Kisch-Kalender*. Berlin 1955, S.30.

(22) Egon Erwin Kisch: *Schreib das auf, Kisch. Ein Kriegstagebuch*. Berlin 1963, S.236.

(23) Christian Bouchholtz: *Kurfürstendamm*. Berlin 1921, S.46.

(24) Else Lasker-Schüler: Unser Café. In: *Gesichte. Essays und andere Geschichten*. Leipzig 1913. Zit. nach: *Gesammelte Werke. Bd. 2*. München 1962, S.277f. Siehe dazu auch: Ernst Blass: Das alte Café. In: *Expressionismus. Aufzeichnungen und Erinnerungen von Zeitgenossen*. München 1962.

(25) Joseph Roth: Richard ohne Königreich. In: *Neue Berliner Zeitung—12 Uhr-Blatt,* 9. 1. 1923. Zit. nach: Joseph Roth: *Berliner Saisonbericht*. Köln 1984, S.205ff.

(26) Erich Mühsam: *Unpolitische Erinnerungen*. Berlin 1958, S.30, 32.

(27) Günther Birkenfeld: Wartesaal des Genius. Zit. nach: Hans Erman: *Berliner Geschichten—Geschichte Berlins*. Tübingen 1960, S.437.

(28) Georg Zivier: *Das Romanische Café*. Berlin (West) 1962, S.24.

(29) Géza von Cziffra: *Der Kuh im Kaffeehaus*. München 1984, S.240.

(30) Eugen Szatmari: *Das Buch von Berlin*. München 1927, S.117.

(31) Paul Marcus: Romanisches Café. Der Berliner Olymp der brotlosen Künste. In: *Münchner Illustrierte Presse*, 14. 4. 1929.

(32) Eugen Szatmari: *Das Buch von Berlin*. München 1927, S.117.

(33) Claire Waldoff: *Weeste noch* ...! Düsseldorf 1953, S.82.

(34) Alfred Polgar: Der Zeichner Dolbin. In: *Die Gezeichneten des Herrn Dolbin. Literarische Kopfstücke*. Wien 1926, S.6f.

(35) Die drei Flechtheim-Anekdoten nach: Géza von Cziffra: *Der Kuh im Kaffeehaus*. München 1984, S.166, 168, 173.

(36) Géza von Cziffra: *Der Kuh im Kaffeehaus*. Mün-

chen 1984, S.103f.

(37) Ebenda, S.237.

(38) Géza von Cziffra: *Der Kuh im Kaffeehaus*. München 1984, S.191.

(39) Gabriele Tergit: *Käsebier erobert den Kurfürstendamm*. Berlin 1931, S.63f.

(40) Peter de Mendelssohn: *Fertig mit Berlin?* Leipzig 1930, S.190f.

(41) Beide Molnar-Anekdoten nach: Géza von Cziffra: *Der Kuh im Kaffeehaus*. München 1984, S.129f.

(42) Eugen Szatmari: *Das Buch von Berlin*. München 1927, S.120.

(43) Die drei Kisch-Anekdoten nach: *Servus Kisch! Erinnerungen. Rezensionen. Anekdoten*. Berlin 1985, S.349ff.

(44) Géza von Cziffra: *Der Kuh im Kaffeehaus*. München 1984, S.163.

(45) Umfrage: Wir gehen ins Café, weil ... In: *Hamburger Illustrierte*, 11/1930, S.5.

(46) Géza von Cziffra: *Der Kuh im Kaffeehaus*. München 1984, S.175.

(47) *Servus Kisch! Erinnerungen. Rezensionen. Anekdoten*. Berlin 1985, S.352.

(48) Zit. nach: Géza von Cziffra: *Der Kuh im Kaffeehaus*. München 1984, S.157.

(49) Umfrage: Wir gehen ins Café, weil ... In: *Hamburger Illustrierte*, 11/1930, S.6.

(50) Erich Kästner: Der Scheidebrief. Zit. nach der von Kurt Weill vertonten Fassung. In: *The Unknown Weill*. New York 1982, S.30.

(51) Texttranskription beider Chansons nach der *Dokumentar-Schallplatte: Berliner Revuen 1927–1932*. Electrola 1C 134–45017/18.

(52) Friedrich Hollaender: *Mit eenem Ooge kiekt der Mond*. Berlin 1978, S.64.

(53) Karlernst Knatz-Werle: Romanisches Café. In: *Berlin. Wochenspiegel*. Hrsg. vom Berliner Messeamt, 11/1925, S.8.

(54) Georg Zivier: *Das Romanische Café*. Berlin (West) 1962, S.68, 73, 75, 85.

(55) Texttranskription nach: Schallplatte: *Kollo—Kollo—kolossal*. Teldec 1969.

(56) Georg Zivier: *Das Romanische Café*. Berlin (West) 1962, S.88.

(57) Herbert Jhering: Die großen Schauspieler. In: *Wir und das Theater. Ein Schauspielerbildbuch*. Mün-

chen 1932, S.1.

(58) Nach: Géza von Cziffra: *Der Kuh im Kaffeehaus*. München 1984, S.265.

(59) Eugen Szatmari: *Das Buch von Berlin*. München 1927, S.131.

(60) Carl Zuckmayer: *Als wär's ein Stück von mir*. Frankfurt a. Main 1966, S.312.

(61) Nach: R. A. Stemmle: *Die Zuflöte*. Berlin 1940, S.62.

(62) Kurt Pinthus: Kortner, Typ künftiger Kunst. In: Heinz Ludwig: *Fritz Kortner*. Berlin 1928, S.82.

(63) *Wir und das Theater. Ein Schauspielerbildbuch*. München 1932, S.99.

(64) Nach: R. A. Stemmle: *Die Zuflöte*. Berlin 1940, S.69.

(65) Ernst Josef Aufricht: *Erzähle, damit du dein Recht erweist*. München 1969, S.106.

(66) Trude Hesterberg: *Was ich noch sagen wollte*. Berlin 1971, S.88.

(67) Friedrich Hollaender: *Von Kopf bis Fuß*. Berlin 1967, S.122.

(68) Nach: R. A. Stemmle: *Die Zuflöte*. Berlin 1940, S.38

(69) Kurt Pinthus: Papa Duff. In: *8-Uhr-Abendblatt*, 26. 1. 1931. Zit. nach: Kurt Pinthus: *Der Zeitgenosse*. Marbach 1971, S.105.

(70) Kurt Pinthus: Papa Duff. In: *8-Uhr-Abendblatt*, 26. 1. 1931. Zit. nach: Kurt Pinthus: *Der Zeitgenosse*. Marbach 1971, S.104.

(71) *Wir und das Theater. Ein Schauspielerbildbuch*. München 1932, S.77.

(72) Nach: R. A. Stemmle: *Die Zuflöte*. Berlin 1940, S.49.

(73) *Wir und das Theater. Ein Schauspielerbildbuch*. München 1932, S.119.

(74) Kurt Pinthus: Fritzi Massary. In: *8-Uhr-Abendblatt*, 18. 11. 1922. Zit. nach: Kurt Pinthus: *Der Zeitgenosse*. Marbach 1971, S.44.

(75) Lotte Lenya: Gespräch mit Steven Paul. In: *Textheft zur Schallplattenkassette Kurt Weill*. Deutsche Grammophon-Gesellschaft 2740153, S.7.

(76) Offener Brief an die Novembergruppe. In: *Der Gegner*, 8/1921, S.297.

(77) Oskar Maria Graf: *Gelächter von außen. Aus meinem Leben 1919–1933*. München 1983, S.419.

(78) Eva Karcher: Das realistische Portrait im Werk von Rudolf Schlichter. In: *Katalog Rudolf Schlichter*. Berlin (West) 1984, S.56a.

(79) Fritz Sternberg: *Der Dichter und die Ratio. Erinnerungen an Bertolt Brecht*. Göttingen 1963, S.7.

(80) Ernst Josef Aufricht: *Erzähle, damit du dein Recht erweist*. München 1969, S.54f.

(81) Lisa Matthias: *Ich war Tucholskys Lottchen*. Hamburg 1962, S.30.

(82) Rudolf Schlichter: *Zwischenwelt*. Berlin 1931, S.23.

(83) Walter Benjamin an Gerhard Scholem, Berlin 6. 6. 1929. In: Walter Benjamin: *Briefe. Bd. 2*. Frankfurt a. Main 1966, S.492.

(84) Walter Benjamin an Gerhard Scholem, Berlin 17. 4. 1931. In: Ebenda, S.530.

(85) Thomas Mann an Julius Petersen, München 11. 1. 1929. In: Thomas Mann: *Briefe 1889–1936*. Berlin 1965, S.318.

(86) Thomas Mann an Maximilian Brantl, Ettal 7. 1. 1930. In: Ebenda, S.331.

(87) Nach: R. A. Stemmle: *Die Zuflöte*. Berlin 1940, S.63.

(88) Friedrich Hollaender: *Von Kopf bis Fuß*. Berlin 1967, S.142.

(89) Tagebucheintragung, Berlin 4. 7. 1928. In: Harry Graf Kessler: *Tagebücher 1918 bis 1937*. Frankfurt a. Main 1982, S.596.（松本道介訳『ワイマル日記』上下、冨山房、一九九四年）

(90) Nach: R. A. Stemmle: *Die Zuflöte*. Berlin 1940, S.44.

(91) Thomas Mann an Gerhart Hauptmann, München 15. 10. 1929. In: Thomas Mann: *Briefe 1889–1936*. Berlin 1965, S.328.

(92) Thomas Mann an Sigmund Freud, München 3. 1. 1930. In: Ebenda, S.330.

(93) Hedda Adlon: *Hotel Adlon*. München 1956, S.318ff.

(94) Géza von Cziffra: *Der Kuh im Kaffeehaus*. München 1984, S.23.

(95) Georg Knepler: *Karl Kraus liest Offenbach*. Berlin 1984, S.14.

(96) Ernst Josef Aufricht: *Erzähle, damit du dein Recht erweist*. München 1969, S.73f.

(97) Friedrich Hollaender: *Von Kopf bis Fuß*. Berlin 1967, S.132.

(98) Erich Kästner: *Wieso Warum?* Berlin 1962, S.29 —Hier in der für die Buchausgabe *Herz auf Taille* veränderten Fassung „Nachtgesang des Kammervirtuosen."

(99) Géza von Cziffra: *Der Kuh im Kaffeehaus*. München 1984, S.197.

(100) Luiselotte Enderle: *Erich Kästner*. Hamburg 1966, S.45.

(101) Klaus Doderer: Erich Kästners Emil und die Detek-

tive. In: *Festschift für Horst Kunze*. Berlin 1969. Zit. nach: Helga Bemmann: *Humor auf Taille. Erich Kästner—Leben und Werk*. Berlin 1983, S.119.

(102) Klaus Doderer: Erich Kästners Emil und die Detektive. In: *Festschnift für Horst Kunze*. Berlin 1969. Zit. nach Helga Bemmann: *Humor auf Taille. Erich Kästner—Leben und Werk*. Berlin 1983, S.124.

(103) Hermann Kesten: *Meine Freunde, die Poeten*. Berlin (West) 1980, S.209.（飯塚信雄訳『現代ドイツ作家論——わが友　詩人たち』理想社、一九五九年）

(104) Hermann Kesten: *Meine Freunde, die Poeten*. Berlin (West) 1980, S.210.

(105) Max Krell: *Das alles gab es einmal*. Frankfurt a. Main 1962, S.199.

(106) Gerhard Seidel: Nachwort zu: Erich Kästner: *Die Zeit fährt Auto*. Leipzig 1974, S.242.

(107) Erich Kästner: *Lärm im Spiegel*. Leipzig 1929, S.34.

(108) Ebenda, S.3.

(109) Die drei Texte nach: Erich Kästner: *Wieso Warum?* Berlin 1962, S.103, 84, 90.

(110) Werner Schneyder: *Erich Kästner. Ein brauchbarer Autor*. München 1982, S.90.

(111) Zit. nach: Gerhard Seidel: *Fabian als Erzieher?* Nachwort zu: Erich Kästner: *Fabian*. Berlin 1976, S.229.

(112) Joseph Roth: *Werke in drei Bänden. Bd.3*. Köln 1956, S.293.（平田達治ほか訳『ヨーゼフ・ロート小説集』鳥影社が現在刊行されている）

(113) Joseph Roth an Stefan Zweig, Paris 27. 2. 1929. In: Joseph Roth: *Briefe 1911 bis 1938*. Köln 1970, S.145.

(114) Géza von Cziffra: *Der heilige Trinker. Erinnerungen an Joseph Roth*. Bergisch Gladbach 1983, S.29f.

(115) Hermann Kesten: *Meine Freunde, die Poeten*. Berlin (West) 1980, S.157.

(116) Benno Reifenberg: *Lichte Schatten*. Frankfurt a. Main 1953, S.206.

(117) Nach: Géza von Cziffra: *Der heilige Trinker. Erinnerungen an Joseph Roth*. Bergisch Gladbach 1983, S.49.

(118) Zit. nach: David Bronsen: *Joseph Roth. Eine Biographie*. München 1981, S.356.

(119) Beide Texte zit. nach: Ebenda, S.304.

(120) Joseph Roth an René Schickele, Berlin 20. 1. 1930. In: Joseph Roth: *Briefe 1911 bis 1938*. Köln 1970, S.156.

(121) Max Tau: *Das Land, das ich verlassen mußte*.

Hamburg 1961, S.218.

(122) Gustav Kiepenheuer zum 50. Geburtstag. Berlin 1930. Zit. nach: *Thema-Stil-Gestalt. 15 Jahre Literatur und Kunst im Spiegel eines Verlages*. Leipzig 1984, S.462.

(123) Gustav Kiepenheuer: Eine Reverenz vor Joseph Roth. In: *Joseph Roth. Leben und Werk.* Ein Gedächtnisbuch. Köln 1949, S.40f.

(124) Géza von Cziffra: *Der heilige Trinker. Erinnerungen an Joseph Roth*. Bergisch Gladbach 1983, S.67.

(125) Christopher Isherwood: Ein Berliner Tagebuch. In: Christopher Isherwood: *Leb' wohl Berlin*. Hamburg 1949, S.114ff.

(126) Fritz Kortner: *Aller Tage Abend*. München 1960, S.393.

(127) Ludwig Marcuse: *Mein zwanzigstes Jahrhundert*. Frankfurt a. Mein 1968, S.132.

(128) Wolfgang Koeppen: *Romanisches Café*. Frankfurt a. Main 1972, S.10.

(129) Wolfgang Goetz: *Im »Größenwahn«, bei Pschorr und anderswo*. Berlin 1936.

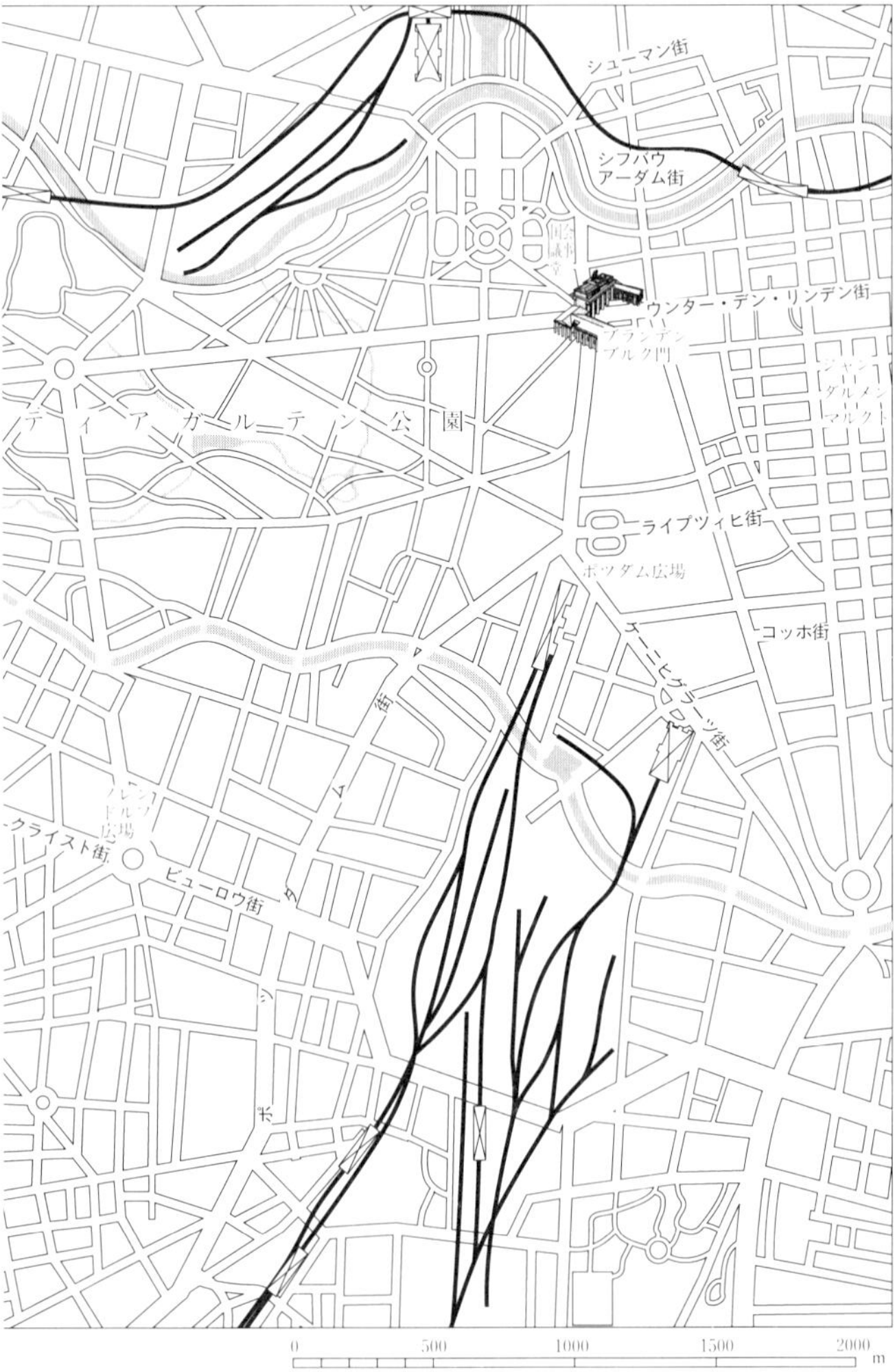
シューマン街
シフバウアーダム街
国会議事堂
ウンター・デン・リンデン街
ブランデンブルク門
ティーアガルテン公園
ライプツィヒ街
ポツダム広場
コッホ街
クライスト街
ビューロウ街
0
500
1000
1500
2000
m

二〇年代ベルリン市街図

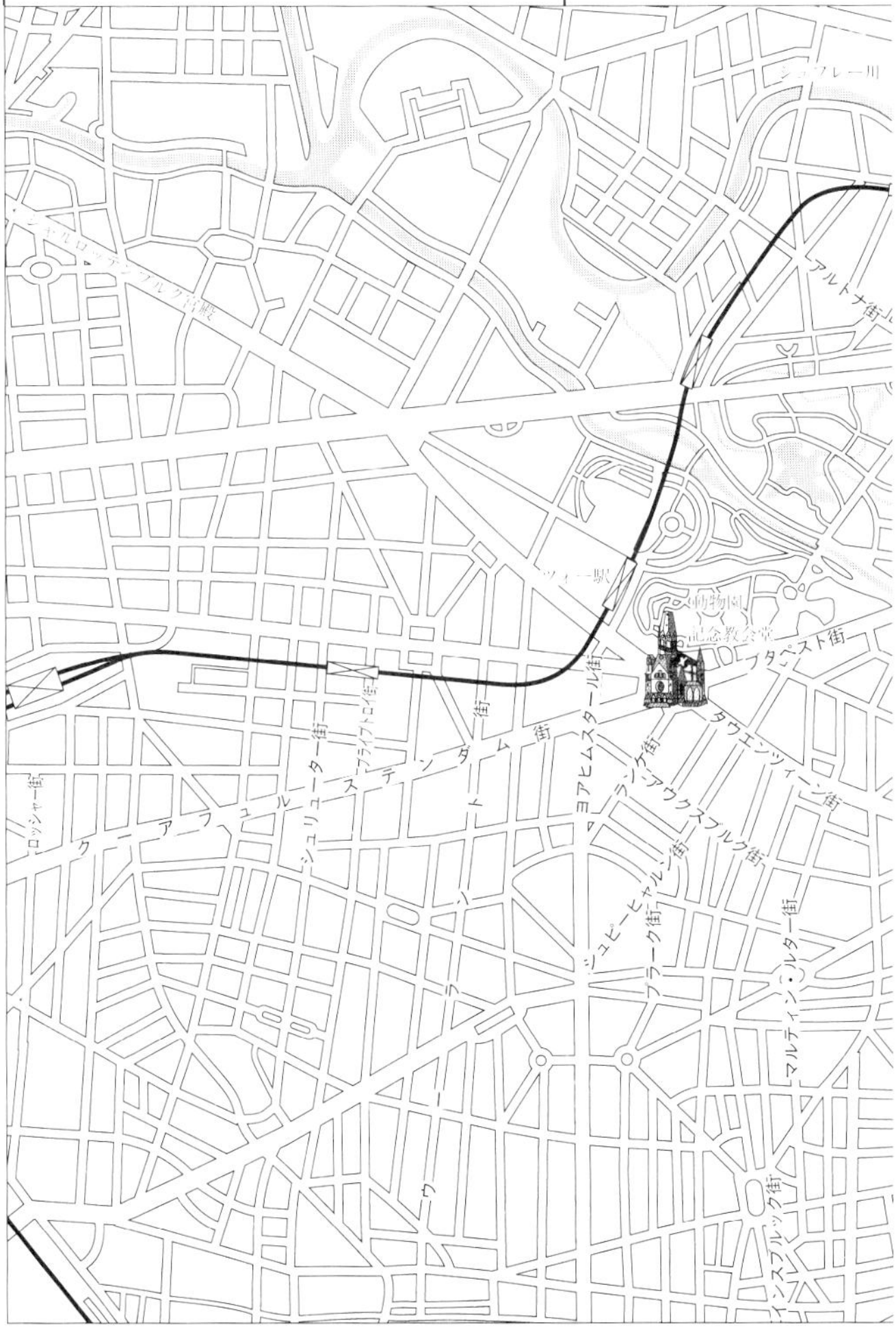

図版出典

AND/Zentralbild, Berlin　p.4, 7, 9, 11, 13上・下, 18下, 29, 45, 50, 52, 55, 59, 68, 74, 77, 101, 103, 120, 127, 133, 139, 145, 151, 160, 178, 188, 190, 192, 199

Akademie der Künste der DDR, Berlin　p.24

Anna Seghers-Archiv der Akademie der Künste der DDR, Berlin　p.247

Berliner Ensemble (Archiv)　p.171

Bertolt-Brecht-Erben, Berlin　p.167

Deutsches Literaturarchiv (Tucholsky-Archiv), Marbach　p.173

Deutsches Theater, Berlin (Archiv)　p.123

Enderle, Luiselotte, München　p.204, 207

Gustav Kiepenheuer Verlag, Leipzig (Archiv)　p.99, 223, 231, 233, 234

Hessisches Landesmuseum Darmstadt　p.152

Staatliches Filmarchiv der DDR, Berlin　p.130, 141, 211上

Staatliche Kunsthalle, Berlin (West)　p.156

Städtische Galerie im Lenbachhaus, München　p.164

Städtische Kunsthalle, Mannheim　p.163

Theatermuseum, München　p.22

Ullstein Bilderdienst, Berlin (West)　p.135

＊その他のすべての写真は、1918年から33年までの書籍・雑誌・新聞からとられている。提供は Deutsche Bücherei Leipzig のご厚意による。

＊シャンソン「あのころロマーニッシェス・カフェで」の二次使用について、原出版社と原著者はベルリン（西）のヴィリー・コロ氏に謝意を表する。

訳者あとがき

「祝祭都市」と称えられた一九二〇年代ベルリンの精神生活には多くの顔があった。その中の重要なひとつが藝術家カフェや酒場、レストラン、総じて「ロカール（飲食店）」と呼ばれた精神／生活空間であった。要するに作家や知識人、ジャーナリストや俳優たちが年中たむろしている飲食店である。カバレットや演劇、映画などの藝術ジャンルが表舞台であったとすると、藝術家カフェはいわば二〇年代精神生活の舞台裏といっていいだろう。

本書ではワイマル期の思想史や芸術史が堂々と叙述されているわけではない。本書はカフェや酒場ごとに分類された、有名・無名の作家や芸術家やジャーナリストたちの織りなすエピソードの積み重ねで構成されている。それら、大概は貧乏な酔っぱらいたちの才知にきらめく馬鹿話のひとつひとつが、まるでかけがえのない宝石のように光を放ち、二〇年代の国際都市ベルリンの知的雰囲気を生き生きと伝えている。

とはいえ、精神の自由に輝いた生活の背後では、もちろんナチスの勢力が確実に広がりつつあった。ヒトラーの政権掌握（一九三三年）以前においても、街頭ではナチによるテロルや戦闘的左翼との小競り合いがあとをたたなかった。本文中の人名にうるさいほどつけられた訳注をたんねんに読まれた読者なら、「亡命」という言葉が頻繁に登場しているのに気づかれたことであろう。終章の「精神のエクソダス」は、カフェの常連たちが根こそぎ国外亡命に追い込まれた状況を物語っている。ナチによる「新秩序」への「強制同一化《グライヒシャルトゥング》」というデッド・エンドが彼らを待ち構えていた。カフェの常連たちが一見自由奔放に生きていた光の世界は、大きな闇を背景として抱え込んでいた。しかし、背景の闇の色が濃いほど輝きも増すというものだ。ましてそれが本書のような追憶の中ならば、その輝きもひとしおであろう。

　それにしても、本書の登場人物たちの豪華なことはこのうえない。エルゼ・ラスカー゠シューラー、ミューザーム、ブレヒト、ケストナー、マン兄弟、ハウプトマン、カール・クラウス、ロート、キッシュ、モップ、ヤニングス、そしてラインハルトなどなど、あとからあとから登場してくる文筆、絵画、映画のそれぞれの世界を代表する錚々たる才能たちの、まさにこれは贅を尽くした饗宴にほかならない。この顔ぶれは、二〇年代のベルリンがいかに才能をひきつける魅力に満ちた都市であったかを物語っている。ただし、藝術家カフェの雰囲気をおもに決定づけていたのは、これら有名人たちというよりは、むしろヴァルター・ベンヤミンいうところの「遊《フラ》民《ヌール》」たちではなかったか。つまり、本物のボヘミアンやボヘミアン的心性の芸術家たちである。突然、合唱や詩の朗読を始めたり、テーブルや壁に容赦なく似顔絵を描きこんだりと、その傍若無人な振る舞いがカフェの雰囲気をつくりだしていたのである。しかしなんといっても、藝術家カフェがこういった時代の輝きを生み出すことができたのには、たぶんカフェの空間というものにこそ最大の原因があったのだろう。人が空間をつくり、空間がまた人をつくっていくというプロセスが、藝術家カフェの場合、特徴的に現われていたといっていい。たちこめた紫煙がカフェの鏡を曇らせる、だけでは十分ではない。アル中の作家や芸術家がちびちびと安酒をすすりながら落書きをしていても、なにかもの足りない。ボヘミアンも安っぽいインテリアも、名物給仕もそれだけでは輝けない。それらがごちゃごちゃになり、ひとつの「藝術的」空間のなかにおさまってはじめて、知的でスノッブな、仲間意識で隅から隅まで満たされた陽気で深刻な空間《ロークス・アモエヌス》が成立するのだろう。西区カフェが移転し、いささか高級な店へと変貌したとき、多くの常連たちがこのカフェを見捨てたのもそのせいなのである。

冒頭でも述べたように、「祝祭都市」というのが、二〇年代ベルリンに与えられた称号なのだが、激動の時代にあって知的集団がおおむね貧困と共存しながら元気いっぱいに好き勝手なことをなしえた都市空間であったことを思えば、まさにそのような称号こそがベルリンにはふさわしいのかもしれない。そして、それは「ただ一度だけ」の現象であった。

本書は、Jürgen Schebera: Damals im Romanischen Café ... Künstler und ihre Lokale im Berlin der zwanziger Jahre. Leipzig. 2. Aufl. 1990『あのころロマーニッシェス・カフェーで——ベルリン二〇年代の芸術家とその酒場』（第二版）の全訳である。二〇年代文化の研究者として知られる著者ユルゲン・シェベラ（一九四〇年生まれ）は、古書を管理する中央古書籍センターの所長を七年間勤めた経験をもつ。本書でも発揮された圧倒的な資料収集能力はおそらくこういった経歴と無縁ではあるまい。また、多忙にもかかわらず不明な点に関するわれわれの質問に懇切な手紙で答えてくれた。

序章から第二章までを矢野が、第三章から第七章までを和泉が担当した。友人同士という気安さもあって、訳稿を頻繁に交換しあってチェックした。人名・地名表記については原音主義を原則としたが、それに従わなかった場合もある。また映画の邦題が不明の場合はわれわれが訳をつけておいた。ご教示くだされば幸いである。表記その他に関しては大著『ベルリン』三部作、『ナチ／ダダ』三部作をはじめとして平井正氏の著作にお世話になることが多かった。

本書に登場する無数といってよいほどの人名などには、初出の個所に限定せず、訳注を付した。これはそれぞれの人物にたいする具体的イメージを少しでも読者にもってもらいたかったためである。割注がわずらわしく感じられる場合もあるだろうが、上記のような意図に免じてご容赦いただければ幸いである。人名資料のかなりの部分を、慶應義塾大学図書館の古賀理恵子氏がその該博なレファレンス知識を駆使して検索、提供してくれた。彼女の助けがなければ本書の出版はかなり遅れたことだろう。訳者一同、心から感謝の念をささげたい。

最後になってしまったが、本書の出版を快諾していただいた編集の小笠原豊樹氏には感謝の言葉もない。ドイツ語・ドイツ文化に造詣の深い氏には、かずかずの貴重なアドヴァイスをいただいた。氏の懇切なサポートに対して心よりお礼申し上げる。

二〇〇〇年四月

訳者記す

Dokumente und Selbstzeugnisse. Berlin 1987
Stone, Sasha: *Berlin in Bildern*. Wien 1929
Szatmari, Eugen: *Das Buch von Berlin*. München 1927
Uderstädt, Hans: *Berlin wie es nur wenige kennen*. Berlin 1930
Unser Berlin. Ein Jahrbuch von Berliner Art und Arbeit. Berlin 1928
Willinger, F. L.: *100 × Berlin*. Berlin 1929
Zirkus Berlin. Hrsg. von Lothar Brieger. Berlin 1920

◆ワイマル共和国文化史

ベルリンはまた，ワイマル共和国にかんする文献においても中心的役割を果たしている。以下にあげられた文献は，読者が多数の図版によってさらにその印象を深めることができるような，全体的な叙述をおこなっているものである。

Behr, Hermann: *Die goldenen zwanziger Jahre*. Hamburg 1965
Gay, Peter: *Weimar Culture*. New York 1968; deutsch als: *Die Republik der Außenseiter*. München 1970（亀嶋庸一訳『ワイマール文化』みすず書房，1987年）
Hermand, Jost, und Frank Trommler: *Die Kultur der Weimarer Republik*. München 1978
Koch, Thilo: *Die goldenen zwanziger Jahre*. Frankfurt a. Main 1970
Krummacher, F. A., und Heinrich Wucher: *Die Weimarer Republik. Ihre Geschichte in Bildern, Texten und Dokumenten*. München 1956
Laqueur, Walter: *Weimar: A Cultural History 1918–1933*. London 1974; deutsch als: *Weimar. Die Kultur der Republik*. Berlin (West) 1976（脇圭平ほか訳『ワイマル文化を生きた人びと』ミネルヴァ書房，1980年）
Nössig, Manfred, Johanna Rosenberg und Bärbel Schrader: *Literaturdebatten in der Weimarer Republik*. Berlin 1980
Schrader, Bärbel, und Jürgen Schebera: *Die »goldenen« zwanziger Jahre. Kunst und Kultur der Weimarer Republik*. Leipzig 1987
Werner, Bruno E.: *Die zwanziger Jahre. Von morgens bis Mitternacht*. München 1962
Willett, John: *The New Sobriety. Art and Politics in the Weimar Period*. London 1979; deutsch als: *Explosion der Mitte. Kunst und Politik 1917–1933*. München 1981
Willett, John: *The Weimar Years*. London 1984

1926
Brentano, Bernard von: *Wo in Europa ist Berlin?* Frankfurt a. Main 1981
Bucovich, Mario von: *Berlin*. Geleitwort von Alfred Döblin. Berlin 1928
Dolbin, Benedikt Friedrich: *Die Gezeichneten des Herrn Dolbin*. 2 Bde. Wien 1926
Eckardt, Wolf von, und Sander Gillman: *Bertolt Brechts Berlin. A Scrapbook of the Twenties*. New York 1975
Erman, Hans: *Berliner Geschichten — Geschichte Berlins*. Tübingen 1960
Everett, Susanne: *Lost Berlin*. London/Chicago 1979
Friedrich, Otto: *Before the Deluge*. New York 1972; deutsch als: *Weltstadt Berlin. Größe und Untergang 1918–1933*. München 1973（千葉雄一訳『洪水の前——ベルリンの20年代』新書館，1985年）
Grossmann, Rudolf: *Fünfzig Köpfe der Zeit*. Berlin 1925
Hegemann, Werner: *Das steinerne Berlin. Geschichte der größten Mietskasernenstadt der Welt*. Berlin 1930
Heller, Leo: *So siehste aus, Berlin!* München 1927
Hessel, Franz: *Heimliches Berlin*. Berlin 1927
Hessel, Franz: *Spazieren in Berlin*. Berlin 1929
Italiander, Rolf: *Berliner Cocktail*. Berlin (West) 1965
Jameson, Egon: *Augen auf!* Berlin (West) 1982
Jameson, Egon: *Berlin — so wie es war*. Düsseldorf 1973
Kiaulehn, Walter: *Berlin*. München 1969
Kracauer, Siegfried: *Straßen in Berlin und anderswo*. Frankfurt a. Main 1964
Krell, Max: *Das alles gab es einmal*. Frankfurt a. Main 1961
Lange, Friedrich C. A.: *Groß-Berliner Tagebuch 1920–1933*. Berlin (West) 1951
Lehmann, F. W.: *Kurfürstendamm*. Berlin. (West) 1965
Mendelssohn, Peter de: *Zeitungsstadt Berlin*. Berlin (West) 1959
Moreck, Curt: *Führer durch das lasterhafte Berlin*. Leipzig 1931
Neues Bauen in Berlin. Berlin 1931
Oppenheimer, Max (Mopp): *Berlin*. Berlin 1926
Orlik, Emil: *Fünfundneunzig Köpfe*. Berlin 1920
Osborn, Max: *Berlin*. Leipzig 1926
Pem (eigtl. Marcus, Paul): *Heimweh nach dem Kurfürstendamm*. Berlin (West) 1955
Pfeiffer, Herbert: *Berlin — zwanziger Jahre*. Berlin (West) 1961
Roth, Joseph: *Berliner Saisonbericht*. Köln 1984
Ruland, Bernd: *Das war Berlin*. Bayreuth 1972
Salomon, Erich: *Porträt einer Epoche*. Berlin (West) 1963
Scheffler, Karl: *Berlin. Wandlungen einer Stadt*. Berlin 1931
Schrader, Bärbel, und Jürgen Schebera: *Kunstmetropole Berlin 1918–1933*.

参考文献

◆ベルリンのカフェと芸術家の溜まり場

今世紀の20年代にベルリンで生活し，活動していたドイツの芸術家たちの手になるほとんどすべての回想録のなかに，贔屓の飲食店（ロカール）への追想が書かれているが，それらはしかし散発的なものであって，ページ数もごくわずかである。ここでそれらをリストアップしようとすると，与えられた紙幅を軽く超えてしまうだろう。

本書のテーマにとくにかかわるもので，これまで出版された文献は少数であり，つぎのようになっている。

Adlon, Hedda: *Hotel Adlon*. München 1956

Cziffra, Géza von: *Der Kuh im Kaffeehaus*. München 1984

Erman, Hans: *Bei Kempinski*. Berlin (West) 1958

Goetz, Wolfgang: *Im »Größenwahn«, bei Pschorr und anderswo*. Berlin 1936

Höxter, John: *So lebten wir. 25 Jahre Berliner Boheme*. Berlin 1929

Kreuzer, Helmut: *Die Boheme. Analyse und Dokumentation der intellektuellen Subkultur vom 19. Jahrhundert bis zur Gegenwart*. Stuttgart 1971

Meidner, Ludwig: *Dichter, Maler und Cafés*. Zürich 1976

Ostwald, Hans: *Berliner Kaffeehäuser*. Berlin 1905

Zivier, Georg: *Das Romanische Café*. Berlin (West) 1962

20 Jahre Café des Westens. Redaktion: Edmund Edel. Berlin 1913

◆20年代のベルリン文化史

ベルリンを描いた多数の書籍のなかから選ばれた以下の文献は，この街の真の姿をとくに伝えているものである。ただし，小説や物語は省略した。

Arnheim, Rudolf: *Stimme von der Galerie. 25 kleine Aufsätze zur Kultur der Zeit*. Berlin 1928

Arnold, Karl: *Berliner Bilder*. Berlin 1924

Berlins Aufstieg zur Weltstadt. Hrsg. von Max Osborn. Berlin 1929

Bouchholtz, Christian: *Kurfürstendamm*. Berlin 1921

Brennert, Hans, und Erwin Stein: *Probleme der neuen Stadt Berlin*. Berlin

ワ　行

ヤ　行

ラ　行

マ　行

ナ　行

ハ　行

タ 行

サ　行

カ　行

索　引

（項目は図版キャプションと訳注からも採用した）

ア　行

[訳者略歴]

和泉雅人（いずみ　まさと）

1951年広島県生まれ。慶應義塾大学大学院博士課程修了。現在、慶應義塾大学文学部教授。ドイツ表象文化専攻。
訳書：R・ダーントン『壁の上の最後のダンス』（共訳、河出書房新社）、H・ヤンセン『フェリス』（トレヴィル）、J・ブムケ『中世の騎士文化』（共訳、白水社）、R・R・ベーア『一角獣』（河出書房新社）、W・ヴァイマー『ドイツ企業のパイオニア』（大修館書店）、J・ピーパー『迷宮』（監訳、工作舎）、E・ツァンガー『甦るトロイア戦争』（大修館書店）

矢野　久（やの　ひさし）

1950年三重県生まれ。慶應義塾大学大学院経済学研究科博士課程修了、ドイツ・ボーフム大学博士号取得。現在、慶應義塾大学経済学部教授。
著書：*Hüttenarbeiter in Dritten Reich*, Stuttgart 1986, *Fremde Heimat. Eine Geschichte der Einwanderung aus der Türkei*, hrsg. v. Jamin u. a., Essen 1998（共著）,『1939――ドイツ第三帝国と第二次世界大戦』（共著、同文館）
訳書：D・ブラジウス著『歴史のなかの犯罪――日常からのドイツ社会史』（共訳、同文館）、A・ヘルツィヒ『パンなき民と「血の法廷」――ドイツの社会的抗議一七九〇～一八七〇年』（同文館）

ベルリンのカフェ――黄金の一九二〇年代

初版発行――2000年5月10日

訳者――和泉雅人・矢野　久
発行者――鈴木荘夫
発行所――株式会社大修館書店
〒101-8466 東京都千代田区神田錦町3-24
電話 03-3295-6231（販売部） 03-3294-2356（編集部）
振替 00190-7-40504
[出版情報] http://www.taishukan.co.jp

装丁者――中村友和
編集・校正協力――(有)メビウス
印刷所――壮光舎印刷
製本所――関山製本

ISBN4-469-21257-1　　Printed in Japan